LES NOMS

DES

SAINTS BRETONS

PAR

J. LOTH

DOYEN DE LA FACULTÉ DES LETTRES DE L'UNIVERSITÉ DE RENNES
CORRESPONDANT DE L'INSTITUT

PARIS
LIBRAIRIE HONORÉ CHAMPION, ÉDITEUR
5, QUAI MALAQUAIS (6e)

1910

LES NOMS

DES

SAINTS BRETONS

MACON, PROTAT FRÈRES, IMPRIMEURS.

LES NOMS

DES

SAINTS BRETONS

PAR

J. LOTH

DOYEN DE LA FACULTÉ DES LETTRES DE L'UNIVERSITÉ DE RENNES
CORRESPONDANT DE L'INSTITUT

PARIS
LIBRAIRIE HONORÉ CHAMPION, ÉDITEUR
5, QUAI MALAQUAIS (6e)

1910

LES NOMS DES SAINTS BRETONS

L'hagio-onomastique constitue, en Bretagne, ainsi qu'en Cornwall et en Galles, une branche importante, je serais tenté de dire, la plus importante de l'hagiographie. Dans ces trois pays, en effet, si intimement liés par la langue et les traditions, ce ne sont pas les vies des saints qui nous renseignent le mieux sur l'existence des saints, l'organisation nationale du culte : ce sont les *noms de lieux*. Rice Rees en a tiré un excellent parti dans son ouvrage : *An Essay on the welsh saints or the primitive Christians usually considered to have been the founders of churches in Wales*. London, 1836. Mon intention n'est pas de l'imiter ni d'entreprendre même une esquisse de la fondation et de la filiation des paroisses bretonnes. Ce que j'offre ici aux lecteurs, est un premier dépouillement des noms de lieux au point de vue hagiographique, et une première comparaison avec les noms de saints du Cornwall et du pays de Galles. La plus grande difficulté est, pour un certain nombre de noms, d'en retrouver la forme véritable. Pour les pays bretonnants la tâche est facilitée par la prononciation actuelle ; je n'ai pu malheureusement toujours m'en assurer. En zone anciennement bretonnante, aujourd'hui française, ce point d'appui manque, et les documents écrits sont loin d'y suppléer.

Dans ces documents même, la tradition écrite est loin d'être constante. Pour le Cornwall, la difficulté est encore plus grande. L'orthographe anglaise a tout gâté. L'ignorance du cornique a achevé le désarroi. On peut s'en convaincre en parcourant le *Domesday Book*, les textes recueillis par Oliver dans son *Monasticon*, et les transcriptions des différents historiens du Cornwall.

Les tentatives récentes de M. Baring-Gould [1] n'ont guère fait qu'aggraver le mal : cet écrivain a le tort capital de recourir principalement à la linguistique celtique qu'il ignore. De plus, son érudition est gâtée par une critique peu rigoureuse et insuffisamment documentée [2].

En Galles, on est sur un terrain plus solide. Les vies des saints, si elles n'ont guère de valeur historique, nous fournissent des formes de noms anciennes ; le Cartulaire de Llandav est, au point de vue onomastique, un précieux répertoire. La tradition écrite est plus abondante et plus sûre que pour le Cornwall. Néanmoins, pour un certain nombre de noms, il y a flottement.

Au point de vue onomastique les *Bonedd y saint*, noblesse ou généalogie de saints, publiés dans la *Myvyrian Archaeology*, dans les *Iolo manuscripts* et ailleurs (v. Anscombe, *Indexes to old-welsh Genealogies*, *Archiv für Celt. Lexicographie*, tomes II et III), ne sont pas sans utilité.

La source principale de cette étude, ce sont les noms de lieux. Outre les noms de paroisses, il y a un grand nombre de lieux-dits conservant le souvenir de saints, les uns connus, les autres inconnus. Les vies des saints, les cartulaires ont naturellement été utilisés.

Les Bréviaires sont aujourd'hui d'un accès facile, grâce à la publication de l'abbé Duine, à qui on doit déjà de bons travaux hagiographiques parus dans l'*Hermine* et les *Annales de Bretagne* : *Bréviaires et missels des églises et abbayes bretonnes de France antérieurs au XVIIe siècle*. Rennes, Plihon, 1906. Les pouillés de Vannes de l'abbé Luco, celui de Rennes de l'abbé Guillotin de Corson présentent quelques renseignements utiles. En revanche, l'*Histoire du diocèse de Vannes* de l'abbé Le Mené manque de critique. L'auteur a beaucoup lu, mais ses assertions souvent ne peuvent se contrôler, les sources n'étant pas indiquées.

1. A catalogue of saints connected with Cornwall, with an epitome of their lists and list of churches and chapels dedicated to them (tirage à part du n° XLV du *Journal of the Royal Institute of Cornwall*).

2. On peut consulter avec prudence : *A complete parochial history of Cornwall*. Truro, 1865.

Le *Bulletin de la Commission diocésaine de Quimper et Léon*, qui a commencé à paraître en 1901, rendra de grands services à l'histoire du culte en Bretagne. Il est regrettable que les directeurs aient pris comme base de leur édition du Cartulaire de Quimper, une détestable copie de M. Martonne, au lieu des originaux. Ils paraissent ignorer les nombreux emprunts que j'ai faits aux manuscrits originaux dans ma Chrestomathie.

On peut poser en principe, que le nom qui suit les termes *Lan*, *Loc*, *ploue* (*plou*, *plu*, *ple*) est un nom de saint. Il y a assurément quelques exceptions : *Lan-veur*, signifie grand monastère, *Lan-goat* ou *Lan-goet*, monastère du bois ou bois du monastère, etc., etc., mais ces exceptions ne sont pas nombreuses. Il y a, il est vrai, à se méfier des *lan* qui ont le sens d'*ajoncs* et de *lande*, mais il est assez facile de les distinguer des autres ; ils ne sont pas, en général, anciens, et il est assez rare qu'ils soient suivis d'un nom d'homme.

Les *Loc* du latin *locus* sont, en général, de moindre importance et n'ont guère désigné que de petites paroisses.

Dom Lobineau avait eu raison en cherchant des saints inconnus dans les noms composés de *plou-*. J'ai établi, *Revue Celt.*, 1901, p. 109, contre M. de la Borderie, que *ploue*, dérivé du latin *plēbe*, a le sens de paroisse, et que, lorsque le nom qui suit n'est pas un nom commun, c'est un nom de saint. Dans un certain nombre de paroisses, il y a un *Les* (*lis*), résidence seigneuriale qui porte le nom du titulaire du *ploue* : *Beuzec*, *Les-veuzec* ; *Plo-goff*, *Les-coff*, etc. Le *Les* (*lis*) a été, dans ces centres, la résidence principale. Un fait analogue s'est produit en Léon. L'agglomération principale, le bourg, en breton *gwic* = *vīcus*, porte le nom qui suit *ploue*. Pour le *les*, c'est l'indication vraisemblablement de la co-extension du manoir avec la paroisse. Il est remarquable que les *ploueis* sont les paysans. *Plebs*, a eu quelquefois, rarement, chez les poètes gallois, le sens de *peuple*. Il a le sens courant de *paroisse*, et s'il n'est pas resté figé avec un second terme, c'est qu'on a eu toujours conscience de sa valeur et de son sens. En Bretagne, le nom seul du saint, parfois, reste, par exemple dans *Beuzec* : en Cornwall, parfois *Plu-vuthack*. Dans une glose bretonne du xe siècle, *eru-blobion* pour *eru-ploebion* a le sens de *plèbe attachée au sillon*, à la glèbe.

Pour l'intelligence des formes variées des noms, il est essentiel de remarquer que *ploue* est féminin, ainsi que *Lan* ; que *Loc* est masculin. A remarquer également que le mot *sant* anciennement est un adjectif et qu'il forme avec le nom propre suivant un composé syntactique soumis aux lois phonétiques habituelles en pareil cas. Si le nom suivant *sant* commence par une explosive sonore (en exceptant *d* par influence homorgane, et sporadiquement *g*), ou *gw-* ou *m-*, l'initiale devient *régulièrement* spirante, *m* devient *v*, et *gw-* devient *w-*. Dans la paroisse de *Loc-malo* près Guéméné-sur-Scorff (Morbihan), on dit *Zan Valǫw*, saint Malo. Partout à peu près, pour saint Gildas on dit *san Weltas*. Cette loi n'est pas toujours observée. *Sant* est traité souvent comme un nom masculin. Il y a lutte entre la phonétique ancienne traditionnelle, et la phonétique actuelle : dans ce dernier cas, la terminaison *t* exerce l'influence d'une explosive sourde finale : on dit *Sam Bricc*; *Saint Coal* même, au lieu de *Saint Oal* (*Saint-Goal*) : cf. *pem kwënec*, cinq sous, pour *pemp gwënec* : on devrait avoir *pemp wenec*. A remarquer aussi que *Lan* n'exerce aucune influence sur le nom suivant quand son initiale est *d* : c'est une influence homorgane : c'est la loi, dans ce cas, en breton (sur ces différents phénomènes, v. P. Le Roux : *Mutations et assimilations de consonnes dans le dialecte de Pleubian*, *Annales de Bret.*, nov. 1896, surtout p. 21, 23, 28-30).

Les autres termes religieux *manachty* (*manaty*, *manéty*), *merzer* (*martyrium*) ne sont pas, en général, suivis de noms propres.

Bangor (grande congrégation) n'apparaît que dans le nom d'une paroisse de Belle-Ile. C'est évidemment un souvenir du *bangor* [1] gallois, peut-être de Bangor-sur-la-Dee. Il est remarquable que Belle-Ile, en breton, ne s'appelle pas *Guezel* (*Vidilis*), mais *er gęr veur* (*Castra magna*) : ce serait un souvenir du *Castra Legionum*, *Chester*, qui est la *Caer* par excellence : en gallois, en effet, Chester s'appelle couramment Caer, sans autre désignation.

L'hagio-onomastique est entièrement nationale, *bretonne*.

1. Il y a une paroisse de *Bangor* (*Plwyf Bangor* dans le comté de Flint). Seize communautés portaient ce nom (Rees, *Essay*, p. 181).

En dehors des noms de quelques apôtres, de saint Michel, saint Mathieu, de saint Pierre qui a donné son nom à Ploubezre (C.-du-N.), il est inutile de chercher du côté de la Gaule et de l'Eglise romaine : tout est d'origine insulaire ou breton indigène. Le culte s'est organisé d'une façon indépendante de l'église même des Gaules ; il en est aussi séparé que l'administration même des évêchés proprement bretons avant le VIIe-IXe siècle.

Il est remarquable qu'aucune paroisse, avant le Xe siècle, en pays bretonnant, n'est sous le vocable de la sainte Vierge. Les *Loc-maria* sont relativement récents. Le nom même en est un indice. *Maria* est une forme savante, comme le montre le gallois *Meir* = *maria*[1]. Nous aurions *mer*, en breton. Peut-être, cependant, faut-il faire une exception pour *Ploemel*, près Vannes : la forme ancienne est *Ploemer* et on prononce aujourd'hui *Plöwer*, peut-être pour *Plö-ver*. En Galles, où les *Llan-feir* sont assez nombreux, Rice Rees a établi que ces paroisses sont loin d'être parmi les plus anciennes.

Cette étude n'est qu'un essai. J'espère plus tard pouvoir y apporter des additions et, je n'en doute pas aussi, des rectifications.

Les saints les plus anciens ne sont pas toujours les fondateurs d'évêchés et de monastères. Il y a toute une série de saints qui remonte sans doute à la plus ancienne tradition insulaire et avec lesquels nous touchons au paganisme.

Saint Collen a donné son nom à *Llan-gollen* en Denbigh et à la paroisse de *Lan-gollen* (*Lan-golen* avec *o* ouvert, donc avec *l* double). Après une vie brillante et vaillante, il se retire dans la solitude. Là il a à lutter contre Gwynn, fils de Nudd qui n'est autre qu'un dieu (= v. celt. *Noudes* = *Noudent-s* dont l'equivalent en Irlande est *Núada* = v. celt. *Noudajant*).

On a trouvé à Lydney (Gloucestershire) des traces d'un temple consacré à ce dieu : cf. l'inscription *Nodenti deo* (Hübner, *Inscr. Brit. lat.*, p. 42, XIV). Sur la légende de saint Collen et de Gwynn ab Nudd, v. J. Loth, *Mabin.* I, p. 252, note 2.

1. *Maria* a donné *Meir* ; mais il semble que l'accentuation *Maria* ait existé : traitée d'après la phonétique brittonique *Maria* a donné *Mariia* et évolué en *Maređ* : *Llan-faredd* est sous le vocable de la Vierge.

Edern me paraît un saint de la même époque, quoique l'on montre son tombeau, qui est du XVe-XVIe siècle, à *Lann-Edern*, dans notre Cornouailles (*Bullet. de la Comm. dioc. de Quimper*, 1900, p. 217). Il a donné son nom, dans le pays de Galles, à Llan-Edern en Glamorgan (cart. Llandav 285), à Bod-Edern, en Mon : les *Bod* indiquent le séjour du saint, d'après la tradition. En Bretagne, trois paroisses sont sous son nom : Edern, dans notre Cornouailles (où il y a une statue du saint à cheval sur un cerf) ; *Lann-Edern* dans le canton de Pleyben (Finistère), *Plou-Edern*, en Léon. Je relève, en outre, en Plougar : *Parc sant Edern* ; en Guerlesquin, *Goarem sant Edern*. Il est remarquable que l'Edern le plus connu de la tradition galloise soit Edern fils de Nudd, c'est-à-dire d'un dieu celtique. Or Nudd a également pour fils, le dieu Gwynn dont je viens de signaler les démêlés avec saint Collen.

Neventer a donné son nom à Plou-Neventer et à un nom de lieu en Galles, qui a joué un rôle dans la tradition galloise : *Caer Nevenhyr* (J. Loth, *Mab.*, I. 197). Neventer et Derien, Bretons insulaires, sont deux guerriers comme Collen ; ils vont en Terre Sainte voir sainte Hélène, et ont toute espèce d'aventures en Armorique, où ils rendent de grands services au seigneur Elorn, *l'éponyme du fleuve de ce nom*, en le débarrassant d'un dragon terrible ; ils y sont encore du temps de Conan Meriadec (Albert le Grand, *Vies des saints*, rééditée par les abbés Thomas, Abgrall, Peyron, p. 40. Quimper, 1901). Pour les saints bretons dans la tradition populaire, voir *Mélusine* (passim). *Les légendes chrétiennes de Basse-Bretagne* de Luzel, la *Petite légende dorée de Haute-Bretagne*, de Paul Sébillot ; un article de Le Braz : Les saints bretons d'après la tradition populaire (*Annales de Bretagne*, VIII, p. 207, 403, 622 ; IX, p. 35, 238, 579 ; X, 39, 413 ; XI, 173, 239).

Il n'est pas inutile de rappeler que les saints bretons ont parfois trois noms : un nom à deux termes : *Brio-maglus* = *Brigo-maglo-s* ; un nom abrégé, hypocoristique : le premier terme avec un suffixe de dérivation *-ōc* = *āco-s* ; *-i-auo-s* ; *-i-ano-s* : Brieuc = *Brioc* = *Brĭgāco-s* ; *Suliaw* = *Sul-i-auo-s* ; *Tujan* = *Tout-i-ano-s*, à côté de *Tujen* = *Tut-gen* = *Touto-geno-s* etc. Enfin, un certain nombre ont, avec la forme hypocoristique, le préfixe *to-* : *Conoc* = *Cŭnăco-s*, saint-Conec ; *To-Conoc* = *To-Cŭnăco-s* = *Saint-Tegonec*. Zimmer a voulu voir dans ces formes des emprunts irlandais : *to* serait le pronom possessif *to*, *do*, *-oc* serait une forme évoluée de *oac*, jeune : en un mot ce serait une imitation de la forme commune en Irlande, composée du pronom possessif de la première personne *mo*, du nom simple et de *oc* : *mo-Aed-oc*, mon jeune, mon petit *Aed*. J'ai déjà fait remarquer qu'une formation avec *to-* possessif était étrange et invraisemblable ; que de plus, on ne pouvait en Bretagne citer un seul exemple certain de la composition avec *mo* et que, si *to* était le pronom possessif, on eût eu certainement *do*, *de*, *da*. M. Whitley Stokes a abandonné la théorie de Zimmer et voit dans *to*, le vieux-celtique *togi-*, v. irl. *toig*, *aimable* (*Wortschatz*, p. 333, note à la page 121). Cette hypothèse me paraît peu vraisemblable : il est en effet remarquable que *to* ne se présente qu'avec les formes simples avec suffixe de dérivation ; or, les noms à deux termes n'ont pas le suffixe de dérivation. Je persiste à voir dans *to* un pronom démonstratif emphatique.

Les saints sont classés par ordre alphabétique ; les noms de lieux où ils figurent sont signalés : de nombreux renvois rendent le maniement de cette liste facile. Quand il n'y a pas de référence, les noms sont pris dans la géographie actuelle, souvent dans le cadastre de différentes communes dont j'ai obtenu copie grâce à l'obligeance des instituteurs de Bretagne : cette copie est souvent imparfaite ; de plus, un certain nombre de communes manquent. C'est un travail à compléter.

Aanon (saint) : en Paule (Côtes-du-Nord).

Aaron (saint) : l'île où saint Malo aborda et à laquelle il donna ensuite son nom était l'île de Saint-Aaron, du nom d'un solitaire qui y vivait.

Il y a une paroisse de Saint-Aaron et un Saint-Aaron en Pleumeur-Gautier (C.-du-N.). Il est honoré à *St Aaron's* en Monmouth ; Merthyr Iul et Aaron, aujourd'hui St Julian's dans le même comté (*Book of Lland.* éd. Rhŷs- Evans, o. 45).

Il me paraît à peu près certain, que le véritable patron de ces églises est, non l'obscur ermite mentionné dans la vie de saint Malo, mais le martyr honoré en Galles avec Julius.

Adgat : v. **Plouagat.**

Aza : *Plouha* (C.-du-N.) : charte de 1198 (Geslin de de Bourg. et A. de Barth., *Anciens évêchés de Bret.*, IV, 10) : *Ploe-aza*.

Aelwodus (sanctus) : cart. de Redon p. 227, charte de 916 : l'acte est fait ante ecclesiam *sti Aelunodi*. On a identifié ce nom avec celui de *Saint-Dolay* (Morbihan). C'est une identification impossible, à moins que Saint-Dolay ne soit une mauvaise transcription.

Le nom étant isolé, il est impossible d'en rien dire. Il me paraît toutefois probable qu'il faut lire *Ael-uodus* pour *Ael-bod*, peut-être même pour *El-bod*, cf. saint Elfod = *Elbod*, archevêque de Bangor en Galles.

Avran ? dans *Landavran*.

Il est possible que *Land* reproduise une prononciation locale ou une mauvaise transcription par suite d'une fausse assimilation avec *lande*. *Afran* (= *Avran*) est honoré avec Sannan et Jeuan (*Jouan* : Saint-Jouan en Bretagne) à Llantrisant en Anglesey (Rice Rees, *Essay*, p. 32-4).

Ala, plutôt **Alla** (saint) : Sant *Alla* à côté de Saint-Éloi en Plouarzel (Finist.) ; *Lan-halla* en Plouarzel, mais *Stang-alla* près Quimper.

Alar (saint) : Saint-Alar en l'île de Batz, Saint-Alar (écrit Saint-Alard en Ploudaniel).

Alan (saint) : Saint-Alan (Alain), évêque de Quimper, et patron de Corlay (C.-du-N. : cf. Tresvaux, *Vies des saints*, I, XL). On prononce en Cornouailles, sporadiquement *Alen* pour *Alan* en raison de la brièveté de l'*a* de la dernière syllabe. Il serait hasardeux de l'identifier avec le patron de la paroisse de Saint-Allen en Cornwall. En effet au XIIIe siècle, on trouve Ecclesia de Sancto-Aluno. Or Alun est brittonique ; on trouve *Alunoc* dans le cart. de Redon ; en Galles, près Carnarvon, Coed-Alun.

En revanche, il y a en Galles, un saint Alan membre de la congrégation d'Iltut (Rees, *Essay*, p. 221).

Alban (saint) : paroisse de Saint-Brieuc. La forme est littéraire : il faudrait *Alvan* ; saint Alban est honoré en Angleterre.

Albaud (saint) : *sand Albod* honoré en Berné, canton de

Faouët (Morbihan) ; *Saint-Talbot* en Vieux-Marché (*Coz-varc'hat*, Côtes-du-Nord). Le nom, a priori, paraît germanique : un prêtre du nom d'*Albalt*[1] signe dans une charte du cartulaire de Redon, p. 289, en 1056, comme témoin à Pléchâtel (Ille-et-Vilaine). Il est *fidejussor* ; or, il est à remarquer que les *fidejussores* ont des noms bretons à l'exception de *Rotbertus* ; les témoins, au contraire, ont des noms germaniques ou romans : on est en territoire presque entièrement de langue romane. Il est possible que le nom soit breton et composé de *al-*, race, et de *palt*, auj. *paot*, nombreux : germanique et ancien, le nom fut devenu *Alvod*.

Alerin (saint) en Guiscriff (Morbihan). Celui-ci est à rayer de la liste des saints. *Alerin* est pour *Alarun* qui n'est nullement un nom de saint ; le nom du lieu visé est *Soult -Alarun* dans le cartulaire de Quimperlé (cf. Loth, *Chrest.*, p. 187) ; pour le nom, cf. *Ynys Alarun* (*Book of Lland.*, p. 196).

Alc'houen : *Liorz St-Alc'houen* en *Plogonnec* (Fin.).

Alor (saint) : Saint-Alor en Plésidy (Finist.). Le cart. de Quimper (*Bullet. comm. dioc.*, 1901, p. 131) porte : *ad sanctam Agloram.* Il y a un *saint Alour* qui est patron d'Ergué-Armel (ibid., 1906, p. 70). On serait tenté de corriger *Tâlor.* Il semble en effet, qu'on prononce, non *sand alor*, ce qui arriverait si le nom commençait par une voyelle, mais bien *sant alor*, ce qui suppose *Halor* ou *Talor*. Or, on trouve *Talori* au génitif, dans les *Insc. Brit. Christ.*

Saint Alor est patron de Plobannalec (Finist.) ; il a une chapelle en Tréguennec (*Soc. arch. Fin.*, 1804, p. 123).

Alouarn (saint) : *Saint-Daiouarn* (cart. Quimper en 1335-1338 ; *Chrest*, p. 121) ; il y a une famille noble de *Saint-Dalouarn* (de Courcy, *Nobil. de Bretagne*). Il y a un moulin de *Saint-Alouarn* à Guengat, Finistère (Du Chatelier, *Epoques préhistoriques et gauloises dans le Finistère*, p. 260). Il ne faut pas songer à Talhouarn, autrement on eût écrit *Saint-Talouarn* ou *Saint-Alouarn.* C'est la prononçiation bretonne *Sand-Alouarn* qui a amené la graphie Dalouarn. Cf. *Pond-Ivy* (Pontivy) ; au contraire *Lotivy* = *Loc-Devi.*

1. Cf. *Albadus* de Canupilibus, *Cart. de Saint-Aubin* d'Angers, p. 178.

Pour le premier terme, cf. *Al-morel*, *Alben* etc. Il y a eu, semble-t-il, parfois échange avec *ael-* (v. *Alvoez*). Dans ce cas on pourrait le comparer au saint gallois *Aelhaiarn*, patron de *Llan-Aelhaiarn* en Merioneth.

Saint Aelhaiarn était honoré à *Llan-Aelhaiarn*, Carnarvonshire (Gwyn, *Ancient Churches of Wales*, *Archaeol. Cambr.*, 1900, p. 166).

Alre : C'est le nom actuel de la ville d'Auray : en breton, on ne dit que : *Alrç*. Ce n'est pas un nom de saint, naturellement ; je le signale parce qu'il entre en composition du nom de paroisse *Plo-aré* (Finist.), en 1468 *Ploe-alre* : cf. terra de *Alre* en Devonshire (Oliver, *Monast.*, 465 : XIIIe siècle) ; *Alre* en Somerset (Asser, *De rebus gestis Aelfredi*, à l'année 877).

Alvoez (saint) en 1420 ; *Algouez* en 1461. auj. *Saint-Aloué* en Lignol. La forme *Saint-Elvoez* de 1433 (Rosenzweig, *Dict. top. du Morbihan*) est à remarquer. La prononciation actuelle est en faveur de *Al-we* = *Al-wed*, mais il y a eu sûrement échange dans plusieurs noms entre *al-* et *ael-*. Aussi peut-on rapprocher avec vraisemblance *Llan-Elwedd* en Radnorshire.

Aman (saint) : Log-Aman (écrit *Loc-amand*), en La Forêt (Finist.).

Saint-Amand ou *Saint-Damand* en Saint-Nolf (Morbih.) ; Saint-Damant en Haut-Corlay (C.-du-N.). On a évidemment identifié ce saint avec *saint Amand*, mais *Amandus*, s'il est ancien, eût dû donner *Avand*. De plus *Aman* avec *m* dur paraît brittonique.

Ana apparaît dans le nom de la paroisse de *Com-ana* (Cart. de Quimperlé, 1087) et dans *Commana an Enez* dans l'île de Batz.

Com = gallois *cum*, vallée, combe. On ne peut donc dire si *Ana* est un nom de saint ou sainte, car *Ana* ou *Anna* (les deux formes sont parallèles en armoricain, d'après la prononciation), est donnée comme mère de Amwn Ddu père de saint Samson (Rees, *Essay*, 185).

Il est plus probable cependant que Commana se décompose en *Com-mana*. Cf. *Ker-vana* en Plouhinec, Finist. ; *Lammana* (Saint-Michel de) en Cornwall (Oliver, *Monast.*, Suppl. 10).

Anou (saint) : *Log-anou* en Pouldreuzic ; *sand Anou* (écrit Saint-Danou), en Plounevezel : cf. *Lan-Anno*, ancien nom de Newborough en Anglesey ; *Llan-Anno* en Radnorshire (Rees, *Essay*, 324, 351.

Aouen (saint) : *Lan-Aouen* en Clohars-Fouesnant. *Saint Aouen* en Plougonvelin (Fin.).

Il y a une famille noble de Saint-Haouen. Il n'est pas impossible que ce soit le même nom que celui de la patronne de la paroisse de *Advent* en Cornwall. En effet, dans les *Inscriptiones nonarum* (Oliver, *Mon.* 437), le nom est *Sancta Athewenna* : cf. gallois *addwyn* et *addwen*. *Aouen* a dû passer par *Adwen*. Il ne faut pas oublier qu'anciennement *sant* placé comme adjectif avant le substantif pouvait signifier aussi bien *sainte* que *saint* : *sant* = *san*[*c*]*tus* ou *san*[*c*]*ta*.

Armel : v. **Arthmael**.

Arouestl (saint), devenu aujourd'hui par dissimilation *Sant-Allouestre*, paroisse du Morbihan. En 1280, la forme est *Argoestle* = vieux-celt. *Arewestlo-*. Comme nom commun *arwestl* signifie gage, et c'est le sens qu'il a dans le cart. de Redon : *in arnuistl*.

En Galles, *Arguistl* (*arguistyl* avec y de résonnance) est le neuvième évêque de Llandaf (*Book of Lland.* 311).

Aruystl apparaît dans les généalogies galloises comme saint personnage, mais il est possible qu'il faille lire *Arwistyl*, écrit *Hawystyl* (*Archiv. für Celt. Lexic.*, II, 194 ; cf. 186). Je crois cependant *Arwystyl* préférable.

Arthmael (saint) a donné son nom à *Ploermel* (Morbihan), *Saint-Armel* (Morb.), *Plou-Arzel* (Finist.) [1], Saint-Armel en Pleumeur (Morb.), Saint-Armel en Allineuc, en Saint-Glen (C.-du-N.).

La forme vannetaise est *Arhel* et *Erhel* [2] : *Sant Herhel* en Guidel (Morb.). Il y a également un Saint-Armel en Fégréac, un autre en Guérande (Loire-Inf.). Le saint a habité à Saint-Armel (paroisse d'Ille-et-Vilaine).

Auny (saint) : v. **Doni** et **Donoe**.

1. Pour l'évolution d'*Arth-Mael* = *Arto-Maglo-s*, v. J. Loth., *Chrest.* Armel est une forme littéraire et française.

2. *Erhel* peut avoir une autre origine : v. **Dircill**.

Austol (saint) : paraît dans la vie de *saint Meven* comme un de ses amis. Il a donné son nom à la paroisse de *Saint-Austel* en Cornwall.

Avan (saint) : *Lan-Avan* en Mahalon (Finist.). Avan apparaît comme nom propre dans le Cart. de Quimper, en 1330 : Yvo filius dicti *Avan* (*Bull. Comm. dioc.* 1905, p. 130); cf. *Avan*, femme de Huelin d'Hennebont, en 1037 (Dom Morice, *Preuves*, II, p. 378). Il y a un *Llan-Afan* en Cardigan. *Afan* est aussi le patron de *Llan-fechan* en Brecknockshire.

Avé : v. *Tevé.*

Audren : dans *Plaudren* (Morbih.). *Audren-* v. breton *Altroen*. Le vieux-celt. serait *Alto- reig-no-s.*

Baharn (saint) : v. **Supplément** : additions et corrections.

Balay (saint) : dans *Lan-Valay* ancien évêché de Dol. Cf. *Llan-Dyvalle* ? en Brecknockshire : *To-Ballei* ? Dans les anciennes litanies des saints, on trouve *Bachla*, peut-être pour *Bachlai* : *Bachlai* a pu donner *Balay* comme *Machlow* a donné *Malow*. Il ne faut pas confondre *Balay* et *Palay*.

Bara apparaît dans *Plou-vara* (C.-du-N.). Il y a une chapelle de *Brévara* en Botsorhel, et dans cette chapelle, il y avait une statue de saint Brandan (*Bulletin Comm. dioc.*, 1903, 315). Il n'y a pas de doute qu'on ne soit en présence d'un nom d'homme.

Bavas, Bavoez : v. **Guipavas**.

Bechev (saint). Ce saint est honoré en Priziac (Morb.) : on prononce *Behyeẅ*. Il apparaît dans les litanies de saint Vougay : *sancte Becheue*. On n'en sait rien de plus.

Bedan (saint), appelé aussi saint Brandan ! nous dit l'abbé Tresvaux, dans ses *Vies des saints*, I, XLII. Il y a un Urvoy de *Saint-Bedan* dans le nobil. de Courcy. Cf., si la forme bretonne est sincère, un saint du nom de *Bydan* ou *Mydan* en Galles (Rees, *Essay*, 280).

Belec (saint), en Leuhan, Finist. (village) ?

Bergat (saint) : *Loguell* (*Logell*) *Sant-Bergat*, en Pouldouran (C.-du-N.) : la pièce de terre de Saint-Bergat : *logell* vient de *locellus* et est fréquemment employé pour désigner un lopin de terre dans bon nombre de communes de la région bretonnante de Saint-Brieuc et Tréguier.

Berhet (sainte) : sainte Brigitte : *Loperhet* en Erdeven, Grandchamp, Plougoumelen, Locmariaquer (Morb.); *Loperhet* paroisse du Finistère; Sainte-Brigitte est aussi une paroisse du Morbihan : en breton, c'est *Birhyet-*; *Loc-* suivant la règle générale des sourdes à la fin du mot en évolution syntactique, assourdit la sonore suivante : *Loperhet* est pour *Loc-berhet*.

Bern (saint) : *Plu-vern* en Cleder : il est vrai que *vern* ici peut représenter *guern*. Il y a un *Lan-mern* sur les bords de la rivière de Tréguier (La Borderie, *Vie de saint Tutual*, 3e vie, § 16, p. 32). On a dû prononcer *Lan-vern*, d'où l'échange entre *m* et *b* qui d'ailleurs a pu être spontané. Il faut cependant ajouter qu'il y a dans les noms de lieux un *mern* assez fréquent dont le sens est douteux. En Baden (Morb.), il y a un *Pen-mern* sur les bords du golfe du Morbihan, et un quartier du bourg qui porte le nom de *Pem-bern*.

Il ne faut pas confondre avec *Pern*; v. à *Pern*.

Berrien (saint ou sainte) : paroisse du Finistère; *Feunteun-Verien*, fontaine de Saint-Berrien, en Berrien (*Bull. comm. dioc.*, 1903, p. 59); *Lan-verrien* en Poullaouen (Finist.). En 1468 on trouve *Beryan* (Cart. Quimper). Une paroisse du Cornwall porte ce nom. Les graphies varient. La plus ancienne est celle de l'*Exeter Domesday*: Terra *sancte Berrione*. Au XIIIe siècle, on trouve *Ecclesia sancte Beriane* (Oliver, *Mon.*, 461). On trouve aussi *Saint Buryan*. Il n'y a aucun doute que les deux noms ne soient identiques.

Berth (saint) : auj. **Bers** : **Lopars**, chapelle en Châteaulin = **Loc-Bers**. On a eu la fantastique idée d'en tirer *saint Compars* pour pouvoir l'identifier avec *saint Combert* (*Bull. comm. dioc.* 1905). Pour le vocalisme, cf. *Roparz* = **Rot-bert**. Il me paraît probable que **Berth** est le premier terme de *Berth-walt* : cf. *Harn* dans *Locarn*.

Berthwalt (saint), dans *Lan-Berth-gualt* (Cart. de Landevennec). Le nom serait aujourd'hui *Lan-verzaot*. Un nom de lieu s'en rapproche dans le *Book of Lland.* : *Lan-Berguall* ou *Mergualt* (59. 145. 239); l'identification serait fort hasardée; on aurait eu non *Ber-* mais *Berth-* à cette époque. **Bers**, vannet. *berh* = gall. *berth*, riche, abondant.

Berven (saint) : en Plouvien : *saint Bervin* est une graphie française. Il y a une statue de Notre-Dame-de-*Berven* en Plouzévédé (*Bull. c. d.*, 1901, p. 117). *Berven* est pour *Ber-wen* suivant les règles de la prononciation léonarde et les habitudes de transcription française : *Berwen* = *Berth-win* ; cf. *Berthgwyn*, évêque de Llandav.

Beuzec (saint) : *Beuzec* ; *Beuzec-Cap-Sizun*, paroisse du Finist. ; *Les-veuzec* dans la même paroisse : *Tre-veuzec* (*Treveoc*) en Plouhinec (Finist.) ; *Parc bras Beuzec*, le grand champ de *Beuzec* (pron. *Beuc* = *Böc*) en Plomeur (Finist.) ; Saint-Beuzec, en Concarneau. La forme la plus ancienne est *Budoc* (v. J. Loth, *Chrest.*). Le nom complet est *Bud-mael* : *sancte Bud-maile*, dans les litanies de saint Vouga ; *Bud-mail* = *Boudi-maglos* ; *Budoc* = *Boudăcos* : le vieux-celtique *boudi-* signifie victoire et profit.

Cornwall : Saint-Budock (*Plu-vuthack*, paroisse ; chapelle ruinée de *Budock-vean*, ou *Budoc le petit* en sainte Constantine ; *St Budeaux* près Plymouth.

La fête de saint Budoc était célébrée le 8 décembre à Exeter (Oliver, *Mon.* 37).

Pour **Bud-mael** : v. **Laneunvel**.

Bihan (saint) : il y avait une famille noble de ce nom en Fouesnant. (Tresvaux, t. XLI ; de Courcy, *Nob.*). Aussi est-il fort possible que dans Pleu-bihan (*Plö-vian*), le second terme soit le nom d'un saint.

Bieuzy (saint) : *Bieuzy*, paroisse du Morbihan, prononcez *Bihüi* : *Beuzy* en 1437 ; *Bizuy* en 1480 (Rosenzweig, *Dict. topogr.*). Le saint est honoré à Pleumeur, Pluvigner (Morb.). Son nom est lié à celui de saint Gildas. Il est probable que c'est le même saint qui est honoré sous le nom de *saint Bihy* en Trégomeur (C.-du-N.).

Bily (saint) en Plaudren (Morb.) : *san Vily*. Lan-Vily en Argol (Finist.). S'agit-il de saint Bili, évêque de Vannes ? Pour ce nom, v. J. Loth, *Chrest.*

Blain (saint) en Maroué (C.-du-N.). C'est une orthographe française. Il est difficile de rien dire, Maroué étant de langue française depuis plusieurs siècles.

Bleuen (sainte) ou *sainte Fleurie* (trad. de *Bleue*) en Peumerit, Finist. (Soc. arch. Fin., 1803, p. 167) ; cf. gallois *Blodwen*.

Bodian (sainte) : *sainte Bodiane* (litanies de saint Vouga). Je ne vois pas pour le moment de forme moderne y répondant : si la forme est sincère, cf. gallois *bodd*, bonne volonté. V. **Lopoyen**.

Bothmael (saint) : donné comme disciple de Maudez. On peut se demander s'il ne faut pas interpréter *Böd-mael* (v. plus haut *Beuzec*).

Bran (saint) : aujourd'hui *Saint-Vran* (C.-du-N.). On l'a confondu avec Saint-Véran.

Il y a un Bran, cousin de saint Columba (Metcalfe, *Vitae sanct. Scot.*, p. 209) ; un Bran ap Llyr, qui aurait été le premier chrétien de l'île de Bretagne (Iolo, *mss.*, p. 100).

Brandan (saint), paroisse ; trève de Plaintel (C.-du-N.) ; Saint-Brandan en Langonnet (Morb.).

En Devon, le patron de Bratton Clovely est *Saint-Brannock* qui peut être une forme hypocoristique du nom de ce saint ou une forme dérivée de Saint-Bran (Oliver, *Mon.*, 446).

Branwalatr (saint) : Saint-Broladre (Ille-et-Vil.) ; Sainte Brolade en Jersey. Dans les litanies de saint Vouga, on trouve *sancte Brangualadre*. C'est sûrement le patron de *Loc-Brevalaire* (Finist.), plus anciennement *Loc-Brevalazr* ; saint Brevalaire est patron de Kerlouan, Fin. (Soc. arch. Fin., 1805, p. 187).

De *Bran-walatr* on a eu *Brawalatr* et *Broalatr*. La forme *Brevalazr* semble indiquer qu'il y a eu à côté de *Bran-walatr*, *Bren-walatr*, ce qui pourrait confirmer l'hypothèse que ce serait le même saint que *saint Brandan*.

Brehan : *Lan-Brehan* en Broons (C.-du-N., *Anc. év.*, III., 252, 269).

Broons est depuis de longs siècles de langue française. Il est très possible que la mutation n'ait pas été écrite. Le patron serait peut-être *Brochan*, gallois Brychan, qui a été la souche de nombreux saints en Galles. Le *Poul-Brochan* de Roscoff n'a probablement rien à faire avec ce nom (*broch* blaireau) : v. plus bas, **Brochmael**.

Briac (saint) : Saint-Briac ; Bourbriac (*Boul-Briac* anciennement) *Guerbriac* en Plouagat (C.-du-N.) ; *Lopriac* =*Loc-Briac* en Kervignac, Langonnet (Morb.) ; *Lan-Briac* en Taulé (Finist.).

Ce saint est donné comme irlandais, ce que semblerait confirmer la terminaison. Il faut supposer une forme irlandaise *Briacc.*

Brieuc (saint) : outre la ville, donne son nom à Saint-Brieuc-des-Iffs, Saint-Brieuc-de-Mauron (Ille-et-Vil.).

> CORNWALL : *St Breock* ou *Briock*, paroisse ; St Breock de Lansant ; St Breock Downs en St Wenn.
>
> GALLES : *Llan-friog* en Cardigan et à Llanfawr ; *Llan-dyfriog* en Cardigan (*Myv. Arch.*, 431. 1). — GLOUCESTERSHIRE : *Saint-Briavel's* Castle (*Arch. Cambr.*, 1858, p. 382).

Le nom complet (on trouve *Briocus* et *Brio-maglus*) est *Brigo-maglo-s* d'où *Briavael* et *Briavel* en Galles. Le nom hypocoristique est *Brioc* = *Brigacos* ; le nom avec *To-* : *To-Brigâco-s* qui a donné en Galles *Ty-vrioc* (*Llan-dyfriog*).

Broch-mael : dans *Guipronvel* = *Guic-Brochmael* en passant par *Brochvel* et *Brõvel* : cf. *Ros-canvel* = *Ros Catmael* dans le cart. de Landevennec ; *Brochmael* = * *Brocco-maglos* peut être le nom complet ; Brychan (= *Brochan*) est la forme hypocoristique. Brychan est la souche d'une légion de saints gallois, Guipronvel est une ancienne trève de Milizac. On lui a donné indûment comme patron *Romel*, père de saint Guenhael (Soc. arch. Fin., 1905, p. 200).

Brolade, Broladre : v. **Bran-walatr.**

Buc (saint) : en Langrolay (C.-du-N.). Saint-Bucq en Minihic-sur-Rance (Guillotin de Corson, *Pouillé d'Ille-et-Vilaine*, V, 287).

Comme nous sommes en pays de zone française, où le breton a été anciennement parlé concurremment avec le roman, la terminaison peut inspirer de la méfiance : je n'en veux pour preuve que *minihic* pour *minihi*, *saint Suliac* pour *saint Sulia* = *Suliaw* ; *saint Turiàl* = *saint Turiaw* ; *Pledeliac* = *Pledeliaw*, et *Buc* peut-être pour *Bud*. Il est vrai qu'il y a un personnage dans les généalogies galloises, du nom de *Bugi* fils de *Gwynllyw* (*Archiv.*, II, 158).

Buen (saint), vraisemblablement pour *Buan*, la terminaison en Cornouailles étant très réduite : *Lopuen* = *Loc-Buen* en Duault (C.-du-N.). *Lopuen* en Locarn (Finist.).

> GALLES : *Buan*, saint dont la fête le 4 août (Rees, *Essay*, 280). Mais il est possible que Buen = * *Bud-wen* : cf. *Tutwen* dans *Loc-tuen*, v. *Tudguen*.

Caden, paroisse du Morbihan, probablement un nom de saint, comme Beuzec pour saint Beuzec : cf. gallois Caden fils de Ceindrech (*Archiv.*, III, p. 67).

Cado, Cadoc : v. **Cato, Catoc**.

Cadour (saint) : Locadour = *Loc-cadour* en Kervignac (Morbihan).

GALLES : *saint Cadwr*, évêque, vivant à Caerllion-sur-Wyse (*Iolo mss.*, p. 138). *Cadwr* = *Catu-viro-s*, combattant, guerrier, *cadwr*.

Cadroc et **Cadreuc** : anc. Lit. *sancte Catroce*. *Cadroc* est une paroisse d'Ille-et-Vilaine ; *Saint-Cadreux* = *Cadrōc* en Ploubalay (C.-du-N.) ; grangiam de *Sto-Kadroco* en Sevignac (C.-du-N.) *Anciens évêchés*, III, an 1272, p. 271. Il faut distinguer ce nom de celui de saint Carreuc (v. plus bas).

GALLES : Ce nom apparaît dans la vie de saint Cadoc : il y est question d'une villa *Cradoc* et d'un pagus *Cradoc* (et aussi de villa *Caradoc*). *Cradoc* peut représenter Caradoc, mais le *ms.* porte *Cadroc* (Kuno Meyer, *Cymrodor*, 1900, p. 82). En Bretagne, *Caradoc* et *Cadroc* ont également été confondus. *Cadroc* est un dérivé de *Cadr-*, fort, beau, gall. *cadr-*, fort, breton-moy. *cazr*, bret. mod. *caer*, beau. En zone bretonnante *Cadroc* fût devenu *Caereuc*, *Caerec*. En zone *gallo*, il n'est pas impossible que *Cadroc* ait évolué en *Carreuc*, quoique les noms *Cadroc* et *Carroc* soient primitivement tout différents.

Caian : v. **Cian**.

Caioc (saint) : anc. Lit. : *sancte Caeoce* : *Lan-gueux* (C.-du-N.) : *Langueheuc* (cf. *Tre-meheuc* = *Tref-maioc*) ; Tregueux (*Tre-guehuc*) près Saint-Brieuc.

CORNWALL : Exchequer Domesday, *Lan-cheboc* ; Exeter Domesday : *Lan-cihuc* : manoir tenu du temps d'Edward le Confesseur par *Cadwalant* = *Cad-wallon*.

Canen : **Lan-Ganen** en Plounevez-Moedec (C.-du-N.).

GALLES : Llanganen et aussi **Llan-ganten** en Brecknockshire ; la forme est douteuse. On peut arriver, en Galles, de *Canten* à *Canhen* et *Cannen*, mais il me paraît probable qu'il y a eu ici confusion. Les deux formes existent. A côté de *Lan-ganen*, l'onomastique bretonne présente *Roz-e-ganten* en Ploerdut (Morbihan).

Cano (saint) en Erquy (C.-du-N.) : *Lan-ganou* en Sizun (Finist.) et *Lan-ganou* en Caulnes (C.-du-N.). Pour Sizun, il est possible que **Canou** soit pour *Catnou* (v. plus bas). Cf. *Llan-ganna* ou *Llan-gan* en Glamorgan et Carmarthen (Rees, *Essay*, p. 222).

Car : **Plou-Gar** (Finistère).

GALLES : **Llan-Gar** en Merioneth.

CORNWALL : *Lancar* en Bodmin. *Car* peut être un nom commun.

Caradec (saint) : Saint-Caradec-Tregomel (Morb.); saint Caradec-Loudéac (C.-du-N.); Saint-Caradec en Hennebont (Morb.). Saint-Caradec en Inguiniel (Morb.); sanctus Caradocus près Landugen, en Callac (C.-du-N.) : Cart. Quimperlé, p. 276; Saint-Caradec en Trévé (C.-du-N.); Saint-Caradec en Mellac (cf. Bréviaire de Léon, ap. *Tresvaux*, *Vies de saints*, I). Il y a eu un saint Caradec, maître de saint Ténénan (Soc. arch. Finistère, 1904, p. 230).

GALLES : Caradoc, ermite en Haroldston East en Pembrokeshire, patron de Lawrenny dans le même comté, canonisé à la demande de Giraldus Cambrensis par le pape (Rees, *Essay*, p. 305).

CORNWALL : Cradock, patron de Saint-Veep (Le *Grandisson's Register* donne *St Carrocus* (v. *Carreuc*). *Caradoc* est en vieux-celtique *Caratăco-s*, nom bien connu : c'est le nom estropié en *Caractacus*.

Carantec : nom d'une paroisse près Morlaix (Fin.) : *plou* est absent comme pour Beuzec : **Tre-Garantec**, paroisse de Léon. Il y a dans l'église un reliquaire de 1563, au nom de sancte Ternoce (Soc. arch., Fin., 1907).

GALLES : *St Carannog* = Carantoc (Rees, *Lives*, 396) : *Llan-garanog* ou *Llan-granog* (pour -*garanog*) en Cardigan (*Myv. arch.*, 420. 1).

CORNWALL : Saint-Carantoc, ou *Crantock*.

SOMERSET : à un mille et demi de Dunster, Carhampton lui est dédié.

Carné (saint), paroisse anciennement de Dol. Au XIVe s. on trouve *sanctus Karnetus*, terminaison sans valeur. *Carné* est peut-être pour *Carnoc* : cf. *Plwyv Carno* en Montgomeryshire.

Carroc, **Carreuc** (saint) : Saint-Carreuc, trève de Plédran (C.-du-N.) : Saint-Carreuc en Plémy (C.-du-N.) ; capella *Sti Carrocy* en Erquy (*Anc. év.*, III, 82, an 1235).

CORNWALL : Saint-Carrock (Lyson's *Magn. Brit.*, III. Saint-Carroc en Cyrus, prieuré (Oliver, *Mon.*, p. 8).

Cast (saint), paroisse des C.-du-N. ; *Cast* paroisse du Finistère ; *Llangast* en Merléac (C.-du-N.). On lit dans les *Anc. év.*, IV, p. 254, note 2, que d'après des leçons d'un vieux bréviaire conservé à Saint-Aaron, saint Cast était irlandais et disciple de saint Jacut. Il semble que ce nom se retrouve dans *Llan-gasty*-Tal-y llyn en Brecknokshire.

Cat-nou : *Ploi-Cathnou* (Cart. de Saint-Georges, p. 118, an 1040), auj. *Plougaznou* (Fin.) ; *Plou-gannou* en Ploumagoar. *Cat-nou* = *Catu-gnou-o-s*, de *Catu-* combat, et *gnouo-s*, moy.-bret. *gnou*, manifeste, évident. Il est fort possible que ce soit un des noms complets de *Catoc*.

Catoc (saint), **Cataw** (saint). C'est le même saint avec des suffixes de dérivation, l'un en *-āco-s*, l'autre en *-awo-s*. Les deux se retrouvent en Galles ; *Cado* ou *Cadaw* et *Cadoc*.

Saint-Cado en Belz, Lignol, Nostang, Ploermel, Saint-Caradec-Trégomel (Morbihan) ; en Ploumilliaû (C.-du-N.) ; en Sainte-Reine, près Guérande (Loire-Inf.) ; *Saint-Cadou* en Gouesnach (Finist.), en Plouguerneau (*Ep. préh.*, p. 136). *Enes-Cadec* ou île de *Cadoc* en Plouguerneau (Finist.). *Pecadeu* pour *Pleu-cadeuc* est une subdivision de la paroisse de Carentoir, aujourd'hui de langue française ; *Pleu-cadeuc*, paroisse du Morbihan, depuis longtemps de langue française : on prononce comme pour *Pécadeu* : *Pye-cadō*.

GALLES : *Cadawc* (devenu *Cadog*) et *Catwg* : il est possible qu'il s'agisse de deux saints différents, quoiqu'on trouve les deux formes pour le même nom de lieu : il n'y a pas moins de cinq Llan-gadoc (Llan-cadawc, Llan-catwc) dans le Book of Llandaf. Aujourd'hui encore, on peut citer *Llan-gadog Fawr* en Carmarthen, *Llan-gattwg* en Monmouth ; *Cadoxton* près Barry, *Cadoxton* près Neath (Glamorgan).

CORNWALL : chapelle dédiée à saint Cadoc à Padstow.

Un des noms complets de saint Cadoc est *Cadvodus* (sanctus) dans le Cart. de Quimperlé 255-262. = *Catu-boduo-s*, (v. *Chrestomathie*).

Catvan : Chapelle de *Saint-Caduan* en Braspartz (*Bull. C. D.*, 1904, 42) ; l'orthographe nous laisse dans l'embarras ; si on prononce *Cad-oan*, il faudrait songer non à *Cadvan* mais à *Catwan*, fils de Iago et père de Catwallawn (*Archiv.*, II, 160). *Lan-gavan* ou Saint-Méloir.

Galles : *Saint Cadfan*, père d'Eneas Lledewic ou l'Armoricain ; Llan-gadfan en Montgomeryshire ; en Merioneth (*Myv. Arch.*, 420-1). *Cadvan* = *Catu-mano-s* (*mano-s* homme.) Il y a un saint Cava ou Cavan, ce qui semble assurer *Cavan* en Plouguerneau (Soc. Arch. Finist., 1904), p. 316.

Cavan : *Cavan*, paroisse de l'ancien évêché de Tréguier avec absence de *Plou* : cf. Beuzec.

Cazen (saint) : *Lan-gazen* en Trémaouézan (Finist.).

Galles : *Llan-gathen* en Carmathen. Le cantref de Catheiniog lui doit son nom. La fête était célébrée le 17 mai (Rees, *Essay*, 280).

Ke (saint) : Saint-Quay (C.-du-N.) ; prononcez Ké ; Saint-Ké (écrit Saint-Quay) en Plélo (villa de sancto Ke, *Anc. év.*, IV, 124) ; en Ploezal, en Quemper-Guezennec, en Goudelin, en Planguenoual (C.-du-N.). Saint Ké est le patron de Cléder (Fin.).

Cornwall : paroisse de *Saint-Kea*. Il y a ici le doublet : *Tege* : *Kea*, olim *Lan-dege* (Oliver, *Mon.*, 440).

Devon : *Land-Key* (Ibid., 449).

Somerset : *Lan-Tocai*, lu à tort *Lan-Tocal* (de Gray-Birch, *Cart. Saxon*, II, 208, vers 725).

La forme la plus ancienne paraît avoir été *Cai* et *To-cai*. *Tegai* dans Llan-degai, Carnarvonshire, est différent et paraît dériver de *teg*, beau.

Kemeren : *Loc-quemeren* en Grand-Champ (Morb.) ; *Locquemeren-en-Prat* en 1476. La forme est douteuse : Rosenzweig donne pour forme actuelle : *Loc-meren-des-Prés*, et aussi un autre *Loc-meren* dans la même commune. La prononciation seule pourrait trancher la difficulté. Si *Kemeren* est exact, si on prononce *Keveren*, on aurait affaire à *Ceto-merin*, disciple de Saint Paul Aurélien. Pour *Meren*, v. plus bas.

Kenan (saint) : Saint-Quenan en Plouguerneau (Finist.); chapelle de 1470 près de *Coet-quenan* (Soc. Arch. Fin., 1904, p. 316).

Saint-Ke ou *Kenan*, surnommé *Colledoc* (Bull. C. D., 1905, p. 205).

Ce nom apparaît dans *Lan-guenan*, ancien évêché de Dol (Ille-et-Vil.); *Pleu-guenan* (*Anc. Ev.*, IV. 345), ancien évêché de Dol. Il est, en effet, invraisemblable que nous ayons ici affaire à *Conan*. Il est possible également que les *Cynan* gallois ne remontent pas tous à *Conan*, *Cūnan*.

Keneau : *Lan-gueneau* en Plouneour-Trez (Finist.). La forme suppose une prononciation *Kenew*.

GALLES : *Llan-gynyw* en Montgomeryshire (Rees, *Essay*, 233).

Kenaw : Le second terme de *Plou-guenast* (C.-du-N.) me paraît dû à une écriture fantaisiste : on prononce *Plou-gena*; on en aura fait *-guenast*, par analogie avec *Ca* qui représente la prononciation de saint Cast. Si *Kena* me paraît être pour *Kenaw* (en l'absence de formes anciennes, cette hypothèse est permise), comme *Sulia* est pour *Suliaw*, *Telia* pour *Teliaw* dans *Pledeliac*, comme nous sommes ici en zone française, *Kena* peut être pour *Cenaw*.

GALLES : cf. *Llan-geneu* en Pembrokeshire.

Ceneu = *Cana-ụi* = *Can-aụü* = *Cana-ụõ*; le pluriel est Cana-*ụon* = *cana-ụon-es*. *Cenaw* est refait. Canao est bien connu par Grégoire de Tours.

Kenögan : v. **Conegan**.

Keran (saint) : *Loqueran* ou Saint-Jean de Loqueran en Plouhinec(Fin.)[1], cf. Quéran, trêve de Treflaouénan, anc. *Kaeran* (vita Sti Hervei, Soc. Em. C.-du-N., 1891, p. 258; cf. Soc. arch. fr., 1903, p. 179).

CORNWALL : saint *Keran*; XIIIe s. capelle *Sti Kerani* (Oliv. *Mon.*, p. 456, 468).

1. Quand je n'avertis pas, désormais je considère le nom comme celui d'un saint.

Keouez : *Lan-gueouez* en Treouergat (Finist.). On trouve les variantes *Lan-guiouez* et *Languiouas*.

GALLES : *Llangewydd*, près Bridgend en Glamorgan (Rees, *Ess.*, 230) ; un *saint Cewydd* à Disserth, Radnorshire (Arch. Cambr., *Anc. Churches*, 1897).

Kerrien : paroisse du Finistère : *Keryan* en 1368 (Cart. Quimperlé) ; *Querrien* en 1574.

DEVON : *Saint-Kerrian*, paroisse d'Exeter (Oliver, *Mon.*, 448).

Kerneau : Il n'est pas sûr que ce soit le nom de la Cornouaille, quoique la forme soit identique : On prononce *Kerne* pour *Kerneo*, comme pour la Cornouaille elle-même : *Plou-gerne* ou *Guic-Kerne* (Léon).

GALLES : *Llan-gernyw*, paroisse de Denbigh. *Cernyw*, *Kerneo* peuvent remonter à un nom *Cornouio-s*.

Kevri ? : *Locquevry* en *Plouvorn*. Si la forme est sincère, cf. gall. *cy-fri*, honneur, renom. La racine (*bri*) est la même que dans *St-Gouvri*.

Kew : *Saint-Queau* en Gouesnou (C.-du-N.) : *Anc. Ev.*, III, 245, an 1255 ; cf. *Saint-Quio* en Cleguer (Morb.). La forme ancienne a été *Caio* : capella *Ste Marie de Caihou* (le Quio, autrefois en Plouasne, C.-du-N., *Anc. Ev.*, 403 : au XIe s.).

Cf. *Cynwyl Gaeo* en *Carmarthen*. Pour l'évolution et la prononciation *Kio*, cf. *Mieuc* de *Maeoc*, *Maioc*, dans *Plumieux*.

CORNWALL : *St Kew*, martyr d'Exeter, 8 février : fest. *Ste Kywe* virginis.

Kian (Kien ?) : *Lan-guyan* en Plounevez-du-Faou ; *Languien* en Plouescat (Finist.). Dans *Lan-guyan* un *yod* s'est développé entre *i* et *a* :

Ple-guian, *Pluguian* (*Anc. Evêchés*, IV, 142, 81) auj. *Pleguien*. Il est peu probable que *Kian* (*gui-* ne représente que *g dur*) soit pour *Caian* qui aurait évolué comme *Caio* en *Keo* : cf. *Tre-gaian* en Anglesey, consacré à saint Caian : la chapelle est en *Llan-gefni* (Rees, *Essay*, 146). Kian n'est pas inconnu.

GALLES : *Llan-gian* en *Llanbedrog* en Carnarvonshire, dédiée à saint Peris et à saint Cian (Rees, *Essay*, 372).

Kidi : *Saint-Quidy* en Saint-Caradec, près Loudéac (C.-du-

N.); *Loquidy* en Locmariaquer; prieuré du Grand-Loquidy à Saint-Donatien de Nantes.

Kideau (saint) et **Kidou** : *Lan-guidou*, chapelle ruinée en Plovan (Bull. C. D., 1902-225); saint Quidou ou Quido; *Tre-guido* en Loctudy; *Saint-Guidou* ? en Plobannalec (Soc. arch. Fin., 1904, p. 18).

Kiel : compagnon insulaire de saint Paul de Léon (Chielus, a donné son nom à *Plou-guiel* (*Kiel*), C.-du-N.

Kijeau (*Kijo*) : *Saint-Quijeau* en Lanvenegen (Morb.); en Plouguer, Finist. (Bull. C. D., 1905). Dans les anc. Lit. (Loth, *Revue Celt.*, 1890, 140-141), on trouvera *Ste Citawe*, évidemment *Citiawe*. *Citiaw* donne régulièrement *Kijaw* et *Kijo*.

> Galles : *Ceidiaw* : *Capel Ceidio* (*Myv. arch.*, p. 417). D'après Rees (*Essay*, 227), *Rhodwydd Geidio* dépendant de Llantrisaint en Anglesey, et Ceidio en Carnarvonshire, lui sont dédiés.

Dans le Cart. de Quimperlé (175) on trouve *Stus Kigavus* qui semble indiquer déjà l'évolution de *Kitiaw* en *Kijaw*. Pour *ei* gallois = *i* breton, cf. *neidio* et *nijal*.

Kintic : *Lan-guidic*, vaste paroisse du Morbihan : en 1160, *Lan-Kintic*, 1291 *Lan-Guindic*.

Kiri : Saint-Quiry en Plounevezel; à rapprocher du nom de lieu gallois *Ceiri*.

Civoa pour *Kiwa* : *Lan-guivoa* : v. à *Lan*.

> Galles : *Llan-giwa* en Monmouthshire (Rees, *Essay*, 307).

La prononciation *voa-* pour *wa* est courante dans certaines régions du Trégorrois et du Léon : cf. *Rivoal* = *Riwal*, *Rivoallan* = *Riwallon* etc.

Cléden : Saint-Cléden (à tort confondu avec Saint-Clet) en Cleden-Cap-Sizun (*Cletguen* en 1468).

Ce nom se retrouve encore dans celui de la paroïsse de Cleden-Poher (en 1468 *Cletguen-Pocher*); on trouve également la forme *Cletguen* dans le Cart. de Quimperlé. Il y a une chapelle de saint Cleden en Plogoff (Soc. arch. Fin., 1903, p. 176).

> Galles : *Llan-glydwyn* en Carmarthen porte le nom du saint *Clydwyn*, fils de Brychan (Rees, *Essay*, 140).

Cleder : paroisse du Finistère ; pour l'absence du premier terme, cf. Beuzec, Querrien etc.

CORNWAL : Saint-Cleder : la forme varie ; on trouve aussi *Clether* ; au XVIe siècle, la forme est Cleder. Ce saint Cleder serait frère de Nechtan (Oliver, *Mon.*, 437).

Clenec : *Lan-glenec*, ancien prieuré de Sarzeau.

GALLES : *Clynnog Fawr* ou *grand Clynnog*, monastère fondé par saint Beuno ; *Clynnog-fechan* ou *le Petit Clynnog* en Anglesey (*Arch. Cambrensis*, 1849, p. 2).

Coalfinit ou **Colaphin** (saint), évêque d'Alet. Colaphin pour *Coalfinit* doit être une mauvaise graphie. *Coalfinit* est pour *Cowal-finit*, de deux termes bien connus : *Cowal* est le gallois *cywal*, entier, entièrement ; le sens de *finit* n'est pas sûr.

Coanves (saint) : chapelle en 1667 au Cranou en Hanvec (Soc. arch. Fin., 1904, p. 39).

Cogan : chapelle de *Les-cogan* en Beuzec ; *Cogan* a été à tort confondu avec Conogan (Bull. C. D. 1903, p. 115). —

GALLES : Ecclesia de *Cogan* (*B. Llandav*, 326, 330).

Il me paraît possible que le monasteriolum *sent Ducocan* en Clegeruc (Cleguerec, Morbihan), mentionné dans une charte du Cart. de Redon, en 871, p. 198, ait pour patron Cogan : *Du-cocan* peut-être pour *To-cocan* ?

La forme *Ducocca* apparaît dans l'appendice, mais elle est faite d'après une copie très postérieure donnée par Dom Lobineau. Toute la question est de savoir s'il y a eu deux *c* ; s'il faut dire *Cocan* ou *Coccan*.

Coco : *Sen Koko*, nom de lieu en Beganne (*Cart. Red.*. XIIe s.) : cf. *sainte Cocca*, sainte irlandaise dont la fête est le 6 juin (*O'Hanlon*).

Codennec (saint) en Guénin (Morb.).

Coledoc : *saint Coledoc*. D'après certains hagiographes ce serait un surnom de *saint Ke*. De fait, *coleddog* en gallois signifie *chéri*, *choyé*. La forme *coledoc* appartient au vieux-breton. Ce nom devient en 1218 *Colezoc* et au XIVe s. *Colezeuc* (v. J. Loth, *Chrest.*, p. 199) : cf. *Ker-golezec* en Crozon.

GALLES : *Coledawc* est grand-père de saint Collen et père de *saint Petrwn* (*Myv. arch.*, 416. 2).

Collodan (saint) en Plogoff (Soc. arch. Fin., 1903, p. 178).

Collen : *Lan-golen*, paroisse du Fin.; *Lan-golen*, trève de Briec (Bull. C. D., 1904, p. 203).

GALLES : Llan-gollen en Denbigh.

CORNWALL : St Colan.

Fenton-Gollen, fontaine de Collen en Saint-Michael Penkevel; autel dédié à ce saint le 14 juillet 1336 (Oliver, *Mon. suppl.*, 37).

Colomban ou **Coulman** (saint) : Saint-Coulban en Miniac-Morvan (Ille-et-Vil.). Saint-Colomban en Carnac, Locminé, Inguiniel, Pluvigner (Morb.), etc.

GALLES : *Llan-golman* en Pembrokeshire.

Comeanus (saint) paraît dans la liste des évêques de Vannes. C'est un saint irlandais comme Meldeoc introduit subrepticement dans cette liste.

Conan : Saint-Conan, trève de Saint-Gilles-Pligeaux (C.-du-N.); *Loconan* en Trebrivan (C.-du-N.); *Saint-Gonnant* pour Saint-Conan en Caro (Morb. : de langue française); Saint-Conan, paroisse près Plésidy (C.-du-N.).

GALLES : saint Kynan, disciple de saint Catwg (Iolo mss. 128); Kynan, saint de la suite de Cadfan (*Myv. arch.*, 415, 2);

CORNWALL : chapelle de saint Conan, près Pencarrow.

Conner : Saint-Conner en Caudan (Morbihan). Peut-être ce nom est-il pour * *Con-hedr*, * *Conezr* : dans ce cas, il serait à rapprocher du saint gallois *Cynydr* qui a donné son nom à *Llan-gynydr* en Brecknockshire.

Il est vrai qu'en breton, on attendrait plutôt, dans ce cas, *Kenner*.

Conet : *Saint-Conet* en Lignol (Morb.). On trouve saint Connec en 1449, mais la prononciation actuelle prouve qu'il y a eu confusion avec *saint Conet*. *Lan-gonnet* est une paroisse du Morbihan, anc. de Cornouailles : Cart. Landevennec 19 : *Lan-Cunuet*; cf. *Saint-Conet*, trêve de Mur (C.-du-N.). La forme ancienne est évidemment *Conoet* : cf. *Conoit*, nom d'un témoin en 871 (Cart. Redon, 196).

GALLES : *Llan-gynwyd* s'écrit quelquefois *Llan-gonwyd* en Glamorgan (M. arch., 422; Rees, *Essay*, 208).

Congar : *Saint-Congard* (Morb.) : *Saint-Comgar* en 1422;

Lan-Gongar en Plouzané (Finist.) ; *saint Congar* est patron de Landéda (Soc. arch. F., 1904, p. 311). Cf. *Coet Congar* en Ploujean (Fin.) ; *Launay-Congar* en Hénansal (C.-du-N.).

Galles : *Llan-gyngar, Plwyf Cyngar* (paroisse de *Cyngar*) en Flintshire ; c'est le patron de Hope en Flintshire, de Llan-gefni en Anglesey (Rees, *Essay*, 232).

Cornwall : une chapelle en Lanivet est dédiée à saint Congar.

Somerset : il a donné son nom à *Congresbury* (*Congares byrig*) ; il est patron de Badgeworth dans le même comté (Rees, *Essay*, 232).

Conhoiarn (saint) est un saint du monastère de Redon (Cart. 420) ; par conséquent on ne peut le comparer que pour le nom au saint patron de *Llan-gynhaearn* en Carnarvonshire et vraisemblablement de *Llankynhorn* en Cornwall, au XIIIe s. *Lan-Kynheorn* (Oliver, *Mon.*, 460).

Conmael ; **Conmarch** ; **Conmeur** : v. *Con-vel, Convarch, Conveur*.

Conoc, Conec : *Saint-Connec* (C.-du-N.) ; Plo-gonnec en Landrevarzec (Finist.) ; *Pleu-gueneuc*, anc. évêché de Dol (au XIVe s. *Plo-goneuc* ; *Pouillé d'Ille-et-Vil.* IV, p. 482) ; Saint-Queneuc en Quessoy (C.-du-N.).

Galles : *Lan Cinauc*, auj. Llan-gunnock en Herefordshire (B. Llandav 275). *Merthyr Cynog* (*martyrium*, église consacrée à un martyr) est une paroisse et un cantref du Brecknockshire ; *Llangynog* en Montgomeryshire et *Battel Chapel* dans le même comté lui sont dédiées. On lui attribue aussi les églises de *Defynog*, Ystrad Gynlais et Penderin en Brecknockshire (Rees, *Essay*, 138-140).

Cornwall : *Bo-conock*, demeure de Conoc, est une paroisse de Cornwall (Oliver, *Mon.*, 437) ; *St Cynog* (forme plutôt galloise que cornique) ou mieux *St Conoc* est honoré à Padstow.

Il y a eu en Plourhan et Lannevez un grand fief de *Landegoneuc* (*Anc. Év.*, IV, 226) : v. **Tegonec**.

Cono ? : Il est difficile de dire quelle est la forme sincère dans *Lan-gonneau* en Pédernec, et *Tregonneau*, paroisse (C.-du-N.).

Dans *Tre-gony*, paroisse de Cornwall, il est probable qu'on est en présence d'une forme remontant à *Conwy* : *i* résultant de *wy*, *oi* ne cause pas infection vocalique (cf. breton *c'hoari*).

Conoc a pu donner *Coné* ou *Conow*, *Cono*, suivant l'accentuation. *Lan-gonné* est conservé dans un nom d'homme qui existe en Plabennec (Finist.).

Te-gonwy est un saint du collège Cadfan.

Conogan (saint). La forme vraie actuelle est *Kenögan* qui se montre dans *Ker-gueunengan* (écrit à la française) en Ploudalmezeau (Finist.) ; dans la chapelle de *saint Guenegan* (pour *Kenegan*) en Botlazec (Bull. C. D., 294-295). La forme Conogan est une forme traditionnelle, Conogan remontant à un vieux-celtique *Cŭnăcano-s*. Saint Cenögan est honoré à Gourin (Morb.). Il a donné son nom à *Beuzit Conogan* (*Beuzit* =*bussītum* pour *buxetum*).

Il y a aussi un saint Cenogan en Plomelin (Finist.).

Conogan est un dérivé de *Conoc*.

Conval, Conwal : Saint-Conval en Penvenan (Le Braz, *Legende de la mort*, II, 108-109). Plan-guenoual, autrefois *Plou-gonnoal* en Saint-Brieuc.

En Hanvec, on signale un *saint Caval* ou *Conval* ou *Convoyon* (*sic*) : (Soc. arch. Fin., 1904, p. 39).

Il y a un saint Conval, patron d'Eastwod en Écosse (martyr d'Aberdeen 28 sept.).

Convarc'h : *St Gonvalc'h* (pour *Convarch*) en Plounerin ; *Saint-Gomarch* en Plouguiel pour Conomarch (Inventaire sommaire des Arch. des C.-du-N., 2857) ; *Saint-Convarc'h* en Landunvez (Finist.) ; Conmarch est le nom qu'il faut dégager de *Tregomar*, paroisse des Côtes-du-Nord, de langue française : c'est ainsi que l'on écrit et prononce à la française *Guyomar* qui est prononcé par les Bretons *Guyŏvarc'h*.

> Galles : Cynfarch est le fondateur de *Llan-gynfarch*, Flintshire ; il est honoré avec la vierge Marie à Llanfair Dyffryn Clwyd en Denbighshire (Rees, *Essay*, 169).

Lan-Cinmarch dans le B. Llandav est Saint-Kinmark (Chepstow) : v. Index p. 407.

Convel : saint Convel (écrit *Conveld*) en Landunvez (Fin.) ; cf. *Les-Convel* en Locmaria-Plouzané (Finist.) : *Convel* =

Connael = *Cuno-maglo-s*. *Conomaglus* était le gouverneur de Fracan qui a donné son nom à *Plou-fragan* et à *Saint-Fregant*. *Cynfael* est un nom bien connu en Galles.

Convelen : *Plou-gonvelen* (Finist.) et *Plou-goumelen* (Morb.). *Plougoumelen* se prononce *Plou-goulen*.

GALLES : *Llan-gynfelyn*, Cardigan, dédiée à *saint Cynfelyn*. *Cynfelyn et Con-velen* = *Cuno-belino-s*.

Conven : *Plou-gonven* (Finist.) : cf. *Tre-gonven* en Loguivy-Plougras (C.-du-N.).

GALLES : Le nom se retrouve vraisemblablement dans **Cynfyn** : ysbytty (hôpital) *Cynfyn* en Cardigan. On aurait pu songer à *Con-wen*, mais l'évolution de *Conwen* offre des difficultés.

Conveur : *Plou-gonver*, paroisse des C.-du-N., est donné par Dom Lobineau sous la forme *Plou-gonveur* ; TRÉ-GOMEUR (*Tre-gonveur*) paroisse des C.-du-N. Le saint est *Con-mor* = *Cuno-māro-* : c'est le nom du célèbre chef *Conomor*[1].

GALLES : *Cynmur* est un compagnon de Teliaw (Rees, *Essay*, 253).

Con-woion (saint) : le fondateur de Saint-Sauveur de Redon.

Pour le nom, cf. *Con-ueon* (B. Llandav, 140, 150).

Corentin (saint) : mieux *Cowrentin* : c'est le patron de Quimper ; Saint-Corentin en Poullaouen (Fin.) ; en Baud (Morb.).

CORNWALL : saint Corentin ; une église lui est dédiée à Cury (Oliv., *Mon*., suppl. 37).

Cornely (saint) : en Plouhinec (Morb.) ; c'est le patron de Carnac.

CORNWALL : Saint-Cornelly, paroisse (Oliver, *Mon*. 437).

Couden (saint) ? en Kergrist-Moelou (Inv. somm. des archives des C.-du-N., n° 2725).

Coulbéo (saint), à Tréméoc (Soc. arch. Fin., 1904, p. 24).

Coulitz (saint) : paroisse du Finistère près Châteaulin ; Ecclesia de s[t] *Collito* (Cart. Coris., 1296) ; cf. *saint Coulis* en Tremeoc (Finist.).

1. Dans la vie de saint Paul de Léon 8, *Quono-morius* est un surnom du roi Marc.

Coulm pour *Colwm* (*Columba*) ; Plou-goulm (Finist.) ; Saint-Coulomb (Ille-et-Vil.).

CORNWALL : saint Columb major et minor.

Couran : *Lan-gouran* de Ploudaniel.

Il est possible qu'il faille prononcer *Cowran*. Dans ce cas, ce serait un doublet de *Corentin*. J'ai entendu plusieurs fois appeler *Cowran* ou *Cowrant* des enfants du nom de Corentin : *Cowrant* = * *Cobrant*.

Cov (saint) : l'*o* est nasalisé : *St Coff* en Plouay (Morb.). C'est lui qui a donné son nom à *Plo-goff* (Fin.) (pron. *Plo-gõ*) : cf. *Les-coff*, même paroisse. Si *goff* avait donné son nom à la paroisse on aurait eu dans la prononciation *Plo-õ*.

GALLES : *Cov* est un saint de la congrégation d'Iltud (Rees, *Essay*, p. 208).

Craon : v. **Crevan**.

Creirvia : on a fait *s^te^ Cleirvic* par approximation (Albert-le-Grand, *Vies des saints*, p. 62). La vie de saint Winwaloe donne *Creirvia* : c'est sa sœur ; il y a une variante *Chreirbia*, moins bonne.

C'est le nom gallois *Creirwy* ; une fille de Clydno Eiddin porte ce nom (*Archiv*, II, 161).

Creirwy signifie *joyau, perle*.

Crevan : *Lan-grevan* en Ploudaniel.

Crevan paraît représenté par *sant Craon* en La Feuillée (Finist.), plus exactement sans doute *Creõn*.

Il me paraît probable qu'on a affaire au même nom que dans *Crewen* ou *Crowan* patron ou patronne de la paroisse de *Crowan*, Cornwall (Oliver, *Mon.*, 438).

En revanche, il y a un saint Crin en Plessala (C.-du-N. zone française) qui semble représenter le breton *crēv*, fort.

Crisen (saint), disciple de saint They (Soc. arch. Fin., 1899, p. 417, 424).

Cry (saint) : en Nivillac : serait-ce le *San Crēed* de Cornwall ? Le *d* a pu tomber dans la prononciation, Nivillac étant, depuis assez longtemps, de langue française.

Cristin : *Lan-gristin*, chapelle en Plougastel-Daoulas (Soc. arch. Fin., 1904, p. 45).

Cumfol (saint) : une église lui était dédiée à Rennes, du temps de saint Conwoion (Tresvaux, *Vies*, I).

Cuoc ? : Lan-guoc (*-gu-oc*) en Guipronvel (Fin.); cf. *Llan-giwg* en Glamorgan, communément *Llan-guk* (Rees, *Essay*, 271)?

Cuvan : *St Cuvan*, patron de Pluguffan, près Quimper : le saint a sa statue dans l'église avec des ornements épiscopaux : on prononce *sant Kẹõn*. C'est un dérivé de *cuv*, doux, aimable.

Il est possible que ce soit le nom du patron de *Llan-gua* (Monmouthshire), car on trouve la graphie *Llan-guwan* (B. Llandav, p. 318 XIVe s.). *Llan-guwan* serait à rectifier en *Llan-guan* pour *Llan-guvan*.

Il y a en Irlande plusieurs saints *Cocman* (moderne *Caomhan*) dont le nom répond exactement à *Cuvan* : la graphie *-cuffan* indique la nasalisation.

Daman : v. **Aman**.

Daniel : *Plou-daniel, Pleu-daniel.*

Daniel est une forme littéraire ; la forme bretonne doit être *Denoel* qui existe comme nom propre : gallois *Deinioel*, saint très honoré en Galles.

Danou : v. **Anou**.

Deg (saint) : en Plouay, en Clohars-Fouesnant.

Decheuc : *Lan-decheuc* en Lanrivoaré (Cart. Landevennec, 39). Cf. *Ty-decho* en Cemmaes en Merioneth; capel *Ty-decho* en Anglesey (Rees, *Lives*, 324).

Degan (saint) en Brech (Morb.).

Decanus était un des saints compagnons de Paul de Léon, à moins que ce ne soit un nom commun mal compris.

Dei (saint) : chapelle de saint Dei en Cleden-Cap-Sizun ; saint Dei, aveu de 1640 (Bull. C. D., 1905, p. 205) ; *Lothey* = *Locus Dei* (Cart. Cor., 1368) ; Saint-Tey en Poullan, Saint-Thei, en Plouhinec (Fin.) ; *Dei* devient *Tei* par l'influence de la sourde de *sanṭ*. Pour le nom, cf. Nant Dai en 847, J. Loth, *Chrest.*, 154).

CORNWALL : *St-Dey*, paroisse fondue avec *Gwennap*.

Delon (saint) ? en Saint-Gelven (C.-du-N.).

Dellec (saint) : en Plouray (Morbihan); *sanctus Delocus* (cart. Red. 380) identifié à tort ou à raison avec saint Dolay ; en tout cas *Dolay* ne vient pas de *Deloc*.

CORNWALL : *Lan-delech* dans le Domesday book. Norden *Spec.* donne *Landeleck.*

Devet (saint) : *Plo-zevet,* en 1468. *Ploe-Demet* ; chapelle de saint Devet en Plo-zevet ; *Lan-devet* en Guisseny ;

Saint Tevet (bêtement écrit sainte Thevette) en Esquibien : *sant Devet* se prononce *sant Tevet* (Bull. C. D., 1901, p. 152.)

GALLES : St-Dyved, paroisse de Pembrokeshire.

Denac (saint) : en Saint-André-des-Eaux (Loire-Inf.) ; c'est sûrement un barbarisme.

Denoual : *Saint-Denoual* (C.-du-N.) ; v. breton *Domnual.*

Deron (saint) en Pleumeur (Morb.). Comme *Deron* ne rime à rien, il est probable qu'il faut changer *Deron* en *Eron* : *sant* devant un nom commençant par une voyelle devient *sand* ; de *sand-eron,* on a tiré saint Deron.

Il est vrai que nous ne sommes pas beaucoup plus avancés. *Llan-aeron* en Cardigan va bien, mais il est fort possible que le lieu saint ait pris son nom de la rivière et du district d'*Aeron.*

On pourrait encore songer à *Eigron* qui donnerait aussi *Eron,* saint qui aurait fondé une église en Cornwall, d'après Rees, *Essay,* 230.

Derrien : saint Derrien est bien connu dans la légende avec son compagnon Neventer (v. Albert le Grand). Il a donné son nom à *Lan-Derrien* en Plounevez-Porzay (Finist.). Dans *Plu-derien* en Séglien (Morbihan), il faut supposer *Terrien,* nom propre bien connu ; avec Derrien on eût eu *Plu-zerien* (prononcez *Plŏ-dŏryŏn,* avec trois *ŏ* brefs). Les deux formes d'ailleurs se justifient : *Derrien* remontant à *Doro-gen* et *Terrien* à *To-ro-gen.* Le double *r* s'explique par le fait que le *g* était spirant.

Derven : v. s[t] **Erven.**

Déval : v. **Eval.**

Devan (saint) : a donné son nom à *Lan-devant* (Morbihan) : le *d* final est de trop : *Lan-devan* (de Laigle, *Noblesse Bret.,* 276, an 1481) ; croix de *Lan-devan* en Grandchamp, qui devrait s'écrire *Grandcamp,* Morbihan : on prononce en breton *Grgam.*

GALLES. Il n'y a aucun doute sur l'identification avec le saint gallois *Dyfan* (f = *v* français ; *y* = *ö* bref) : *merthyr Dyfan* en Glamorgan ; *Merthir Dovan* (B. Llandav, 324). D'après la légende *Dyfan* aurait été avec Ffagan (nom propre connu aussi en Bretagne), envoyé du pape Eleutherius. Il y a encore un *Llan-defand* en Monmouth (Jones, *Cymru*, II). La graphie est sûrement fautive ; c'est une chapelle en Llan-martin : il est probable que saint Martin a dû évincer le vrai patron : voir APPENDICE.

Devedé : v. **Plou-zevedé**.

Dewi : Saint-Divy pour *Devi*, *Dewi*, Saint-Divy-La-Forêt, paroisse du Finistère ; *Saint-Divy* en Plouneour-Menez ; Loc-Maria-Saint-Divy en Elliant (Finist.) ; *Lotivy* (*Loc-Dewi*) en Quiberon, Groix, Priziac, Saint-Avoy (Morbihan). *Lotivy* dans le Cart. de Quimperlé est *Loc-Deugui* (*Dewi*).

Lotavy en Saint-Guen est pour *Loc-Davy*, forme française de David.

GALLES : Il n'y a pas moins de 40 églises paroissiales et de 13 chapelles dédiées à saint Dewi dans le pays de Galles, et il est remarquable qu'il n'y en a pas une seule dans le Nord-Galles (Rees, *Essay*, p. 43 et suiv.). C'est le patron du pays de Galles.

En Cornwall, il est également honoré : v. *Nonn*.

Diboen en vannetais, *Diboan* ailleurs : c'est le saint qui tire les gens de peine quand un chrétien ne peut ni guérir ni mourir : on l'appelle en Trégorois *Tu-pé-du*, qui va d'un côté ou de l'autre (cf. Le Braz, *Les saints bretons d'après les traditions populaires*, *Annales de Bret.*, VIII, p. 209). On l'a transformé en saint Abibon !!

Pour moi, j'ai vu son nom écrit *Iboen* : il était fraternellement associé avec *saint Tujan*, transformé en *saint Ugen* (*Eugène*), et *saint Gourlow* (*sand Ourlow*) au-dessus d'une fontaine au village de **Saint-Eugène** en Locmalo (Morbihan). C'est évidemment un surnom.

Dider (saint) : en *Plouider*, plus anciennement *Ploe-dider* (Finistère). On a identifié à tort ou à raison *Dider* avec *Disder* = *Desiderius* : ce n'est pas un nom inconnu des Bretons. Une inscription de Louannec près Lannion (VIIIe siècle ?) porte

Disideri fil [ius] Bodocnous (Bud-nou = Boudo-gnouo-s) : fils de Desiderius (J. Loth, *Chrest.* 84).

Diel : *saint Diel* en Riantec (Morb.); en 1385 saint Diell; en 1422 *Sant-yel*. Il est possible qu'il s'agisse de *S*t *Iuthael*; on trouve *Iuzel* qui en vannetais a pu devenir en composition avec *sant-* : *sant Iel* en passant par *Iuhel*, *Ihyel* : cf. *Ker-Ikel* pour *KerIedecel* = *-Iudic-hael*.

Diner ? *Ploue-Diner* [1] aujourd'hui Aber-Binniguet (Finist.) (vita *s*ti *Goerznovei*, v. de la Borderie : *Histoire*, I, p. 339-349).

Cornwall : *Lan-diner* chez Norden.

Dineul, Dineault : v. **Eol.**

Dione : *Saint-Dioné* en Ploudalmezéau ? (Fin.).

Dirly : *Saint-Dirly* ? en Paule (C.-du-N.).

Dispar : *sant Dispar*, ou *sant Ispar* en Dineaul : on en a fait saint Exupère (Bull. C. D. 1907, 173, 179).

Dogmel : S*t*-Dogmel en Rospez.

Je ne sais comment le nom se prononce.

Galles : Saint-Dogmael en Cemmaes, *Saint-Dogwel's* en Pebidiog (Pembrokeshire), *Llan ddogwel* en Anglesey (Rees, *Essay*, 211).

Cornwall : chapelle de s*t* Dogmael de Liskeard (Oliver, *Mon.*, 440),

Doe : Saint-Doue en Questembert; *Ploe-zoe* en 1281, auj. Plouay (en breton *Ploue*), (Morbihan), *Doe-lan* près Quimperlé (Morbihan) : pour *Lan* après le mot régi, v. *Moe*, cf. *Coet-lan* etc.

Galles : *Llan-Ddwy* en Brecknockshire et peut-être *Llan-Ddow*, plus anciennement *Llan-dowe* (*B. Lland.* app. 3, 25), Glamorgan (dédié à la Trinité, Rees, *Essay*, p. 325, note).

Dolay (saint) : v. **Aelwodus.**

Dolo et **Dolou**, paroisse des C.-du-N. ; cf. *Duloe*, paroisse de Cornwall : au xiiie siècle, on lit Ecclesia de *Doulo* (Oliver, *Mon.*, 461).

Domineuc : *Saint-Domineuc* paroisse de l'ancien évêché de

1. Avant la fin du xve s. comprenait Lannilis, Landeda et Brouennou (Soc. arch. Fin., 1904, p. 230).

Saint-Malo. Il est clair que c'est une graphie en grande partie littéraire. La vie de saint Malo nous met sur la voie : il y paraît un saint homme du nom de *Domnech* (*Domnoc*) et, en effet, il fonde un monastère : *Lan-dounec* : *Dovnec* pour *Dovnoc* = (La Borderie, *Histoire*, I, p. 466-467).

GALLES : il y a un saint *Dyfnawg*; c'est d'après Rees (*Essay*, p. 295) un des patrons de *Dyfynog* en Brecknockshire : sa fête est célébrée le 13 février (cf. *Archiv.*, II, p. 194).

Don : *Saint-Don* en Glénac (Morbihan); cf. *Don* fils de Non ap Selyf en Galles (*Archiv.*, II, 194).

Donan : Saint-Donan, paroisse des C.-du-N.; *Goarem Lan Donan* (garenne de Lan-Donan, en Lanmeur (Finist.). Après *Lan* qui est féminin, comme après l'article féminin, le *d* ne subit pas de mutation.

Saint-Thonan (= *santonan* = *sant-Donan*) près Landerneau. On le trouve écrit même saint Honan.

C'est un saint d'Écosse évêque (Litanies de Dunkeld ap. Haddan et Stubbs, *Councils and eccl. Doc.*, II, p. 280; cf. Skene, *Chronicles*, 69).

Donoal : v. **Denoal**.

Donou (saint), fontaine à Trez-Goarem, en Esquibien (Ep. préh., p. 291).

Donoy, Dony : Il y a un *Lan-Donoy* en Ploumoguer et un saint *Auni* en Mellionec (Côtes-du-Nord).

Il me paraît à peu près sûr qu'il faut rétablir *saint Dony*. L'absence d'infection par l'*i* final indique qu'on est en présence d'un *i* représentant une diphtongue réduite comme dans *c'hoari*, à moins qu'il n'y ait eu dans la première syllabe une contraction. Il y a à rapprocher en tout cas, de *Lan-donoy*, le nom de la paroisse de *Lanthony* (= *Lan-dony*), Cornwall. Il est vrai que la forme de ce dernier nom a été gâtée par des suppositions contradictoires.

Dré : Saint-Dré en Noyal-Pontivy (Morb.).

On ne peut guère se fier à ce nom isolé et dont la prononciation n'est pas établie. On peut cependant comparer *Llan-dre* en Languinnor en Carmarthenshire.

Dredeno (saint) : en Saint-Gerand (Morbihan)?

Dreg : *St-Dreg vras* en Goazec (Finistère). Il est très probable que le *d* appartient à *sant* et non au nom même du saint; cf. *Sandrenan* = *sant Renan*, écrit saint Drenan, nom propre assez répandu. Il y a, en effet, en Cornwall, une paroisse de *Landreake* ou Landrake qui est, au XIIIe siècle *Lan-rake* (*rẹk*) (Oliver, *Mon.*, 458.)

Drel (saint) : nom d'une famille noble du diocèse de Vannes (Tresvaux, *Vies*, I).

Drezouarn (saint) en Langolen (Finistère). Ce nom est à rectifier vraisemblablement en sant *Rezouarn* = *Reith-hoiarn*.

Dreyer (saint) ? en Plouhinec.

Dridan (saint), ancienne chap. du manoir de Saint-Dridan, auj. Saint-Venec en Coray (Bull. C. D., 1907, p. 39).

Druman (saint) en Saint-Gonnery (Morbihan); aujourd'hui transformé en Saint-Urbain.

Saint-Gonnery étant de langue française, on ne peut faire appel à la prononciation populaire. La forme Saint-Druman apparaît en 1270 (Cart. du Morb., I, p. 273). Il me paraît probable qu'il faut encore lire *sand Ruman* : *Ruman* serait une variante de *Rumon* comme *Rivallan* pour *Rivallon* : v. **Rumon**.

Ducar (saint) : en Plescop : on honore sous son nom saint Lucas.

Ducar est pour *Tut-car* [1], ce que contredit l'écriture par *d* initial, ou plutôt pour *Iud-car* (v. plus bas, *Iudcar*, *Iudon*).

Ducocan, Ducocca : v. **Cogan**.

Dunet : *Plu-zunet* (C.-du-N.).

Il est très probable que le patron est *saint Dunot* = *Dōnātus* : saint Dunod est le patron de Bangor en Flintshire; il y a une église de *St-Donat's* en Glamorgan : *Donat* est sans doute une forme littéraire.

Je dois reconnaître qu'en l'absence de formes anciennes pour Plu-zunet, il serait possible que *Dunet* représentât le nom gallois *Dunwyd* conservé dans *Llan-ddunwyd* en *St-Dunwyd* en Glamorgan (Rees, *Essay*, 336); mais il faut remarquer que

1. Cf. le nom de village *Botucar* = *Bot-Tut-car* en Locmalo; an 1436 *Botdutgar*.

Dunwyd est justement *Saint-Donat's* ; il est donc fort possible que *Dunwyd* soit une forme inexacte.

Ebeur; Eber : *Lannebeur* en Plouguerneau (Fin.) ; c'est probablement le même nom que dans *Pleiber-Christ* (Fin.), et *Lann-eber* (mal écrit *Lann-ebert* dans les C.-du-N.).

Ebiliau (saint) en Plouguin (Fin.).

Eden (saint) ; chapelle en Plouescat (Finist.) ; Saint-Eden en Plouha (*Inv. somm.*, n° 2556). Il faut peut-être rétablir *sant Deden* qui donne dans la prononciation *santeden* : v. **Donan**. Il y a un saint gallois *Dedyn*, frère de Clydog (Rees, *Essay*, 146).

Eder : a donné son nom à *Plesder*, ancien évêché de Dol : la vraie forme serait *Pleder* : en 1251 *Pleeder*, en 1516 *Pleder* (Guillotin de Corson, *Pouillé*, IV, p. 480). Pour le nom, cf. *Run-Eder* en Braspartz (Fin.).

Edern (saint) : Edern, paroisse ; *Lannedern*, paroisse, *Plou-Edern*, par. A Édern, statue de saint Edern chevauchant un cerf; à Lannedern, on montre son tombeau qui est du xve-xvie s. (Bull. C. D., 1901, p. 117 ; sur ce saint dans les traditions populaires, v. Le Braz, *Annales de Bret.*, VIII, p. 239).

Son nom se retrouve encore dans : Parc *Sant Édern* en Plougar, Goarem sant Edern, en Guerlesquin (Fin.).

Galles : Llan-Edern en Glamorgan (B. Lland., 285). Il a été confondu en Galles avec *Edeyrn* pour *Eudeyrn* = v. gallois *Outigirn*, tandis que la forme vieille-galloise d'Edern est *Etern* qui a donné son nom au district d'*Eder-niawn*.

Ediunet (saint) : c'est la forme la plus ancienne du nom de ce saint, frère de Guenolé (Cart. Landév., 2). Il a donné son nom au prieuré de Loc-Idunet en Châteaulin. C'est une forme inexacte, comme le prouve la prononciation *Loc-yonet* (Bull. C. D., 1905, p. 133).

Ediunet est identique au gallois *Eidduned*, désir, et signifie *désiré* : cf. breton-moyen *goyunez*, vœu. On est arrivé à *Yonet* par *Ediunet*, *Eyunet*, *Iyönet*.

Pour le nom, cf. *Iunet* (B. Lland., 162) et le nom des *Inscr. chrét.* : *Adiune* (Rhys, *Lectures*, n° 41).

Efflamm (saint) : en Kervignac (Morb.); Langolen (Fin.) ; Plestin-les-Grèves, Pédernec (C.-du-N.).

Eguiner : dans *Loc-Eguiner* (Eginer), trève de Ploudiry (Léon).

La prononciation dure de *c* de *Loc* suppose un son initial disparu.

Ehan (saint) : Saint Ehan (on trouve aussi *Ahan*) en Iffendic ; manoir de saint Ehan en Parthenay (de Corson, *Pouillé*, II, 347 ; IV, 727).

Cf. en Galles, *Hychan* qui a donné son nom à *Llan-hychan* dans la vallée de la Clwyd, et dont la fête se célèbre le 8 août (Rees, *Essay*, 144).

Ehoarn (saint) : enterré à Saint-Gildas-de-Rhuys (Morb.), d'après Dom Lobineau.

La forme vieille-bretonne de ce nom est *Eu-hoiarn* (J. Loth, *Chrest.*, 129). Cf. *Lan-Iouarn* en Plouarzel (Finist.).

> CORNWALL : très vraisemblablement *Lan-yhorn* : *horn* se trouve pour *hoërn* et *hoiarn*, fer.

Elan (saint) : Coat *Santélan* en Loperec (Finist.). Est-ce une mauvaise graphie pour *Ilan* ? Il est plus probable qu'il s'agit de *Helan* = v.-bret. *Haelan*. *Santelan* est écrit en un mot dans le cadastre.

Eleau, **Eliau** : v. **Teliau**.

Elec : *Lann-elec*, en 1241 *Lanneloc* en Pleyben (Bull. C. D., 1902, p. 229).

Elen (saint) : *Saint-Helen*, ancien évêch. de Dol : Rector de *s*[te] *Eleno* (Pouillé de Dol du XIVe s. : de Corson, *Cart. Red.*, p. 550). Il est également probable qu'Elen est le vrai nom dans *Lan-helen* du même diocèse.

> GALLES : *Llan-elen* près Abergavenny (Monmouthshire) ; *Llan-elen* en *Llanrhidian*, *Tref Elen* en Blecherston (Pembrokeshire : Owen's *Pembrokeshire*, I, 255, édit. de la *Cymmrodorion society*).

Ellivré (saint) : en Buhulien (C.-du-N.) ?

Eloret (saint) : en Goudelin (C.-du-N.).

> GALLES, *Elguoredus*, disciple de Dubric (B. Llandav, 80) : *El-guoret* pour *El-woret* donne régulièrement Eloret ; cf. *Cat-woret* qui donne *Cat-guoret* et *Cadoret*.

Elouan (saint), chapelle en Saint-Guen (C.-du N.). D'après La Borderie (Hist., I, p. 484), ce serait un solitaire du nom d'*Elocau* qui aurait donné son nom à cette chapelle. Il y a une erreur de lecture ou le saint n'est pas le même. Il faut lire probablement *Elouan* au lieu d'*Elocau*.

Elnoc (saint) : v. **Erneuc**.

Elouarn : Parc Saint-Elouarn en Plogonnec (Fin.).

GALLES : *Saint-Elhaiarn* ou *Aelhaiarn* fonde Llanaelhciarn en Merionethshire et Cegidva ou Guilsfield en Montgomeryshire (Rees, *Essay*, 275 ; *Archiv.*, II, 190).

Les deux formes *Elhaiarn* ou *Aelhaiarn* s'appliquent à *Elouarn* pour *Elhoiarn* : le gallois *haiarn* ou *haearn* est identique au breton *houarn*, plus anciennement *hoiarn* (J. Loth, *Chrest.*).

Elven (saint) : en Kersaint-Plabennec (Ep. proh., p. 145) : v. **Appendice**.

Elvez : écrit Saint-Effletz en Lanveoc (Fin.), : on prononce *Sandelvé* : le nom est vraisemblablement **El-vez** : v. **Aloué**.

Il y a bien une forme *Delvouez* conservée dans *Bren-Delvouez* en Brélès, Fin. (Bull. C. D., 1904, p. 94) mais la prononciation *sand-* indique un mot commençant par une voyelle.

Endal (saint) est, d'après Dom Lobineau, patron d'une église du diocèse de Vannes. Je ne sais sur quoi il se fonde.

Eneour (saint) : a donné son nom à Ploneour, à Plouneour-Trez, Plouneour-Menez, Plouneour-Lanvern (Fin.) : *plebs sancti Eneguori* (Cart. Landev., I).

Ener (saint) : en Guerlesquin (Fin.).

GALLES : *Ynyr* Gwent, tige d'une famille de saints (Rees, *Essay*, 233). *Ener* et *Ynyr* représentent vraisemblablement *Onorius* (*Honorius*).

Enever : *Lann-enever* en Briec (Fin.), est peut-être le même saint que l'énigmatique *saint Inifer* en Plouay (Morb.) : la prononciation de ce nom m'est inconnue; je l'ai en vain demandée à des habitants de Plouay.

Enever rappelle incontestablement *Eneuiri*, nom au génitif d'une inscription chrétienne conservée dans une chapelle de Goodrich Court en Galles (Rhys, *Lect.*, p. 401).

Enoder : v. **Tinidor**.

Enogat (saint) : paroisse d'Ille-et-Vilaine.

En l'absence de formes anciennes, il est difficile de rien avancer au sujet de ce saint.

Enoret : *Lan-enoret* en Tregunc :
Enoret, En-woret ? :
Il y a un *Loc-Iunguoret* dans le Cart. de Landev., 19, qui paraît être différent.

Envel : v. **Guenvael**.

Eo (saint) : on n'a pas manqué d'écrire *Saint Theo* : Saint-Theo, en Plouguenast (C.-du-N.). L'erreur est manifeste par le fait que c'est le patron de *Bod-eo*, ce qui eût donné *Boteo*, si *Teo* était la forme sincère (Bull. C. D., 1903, 173).

> CORNWALL : S^t-Eu, écrit *St-Ewe*, paroisse : au XIIIe siècle on trouve Eccles. St-Ewe, d'où on a tiré *Ewa* (Oliv., *Mon.*, 440-462). Ce qui assure Eu, c'est qu'on a fait de s^t *Kew* le patron ou patronne de Lanow (pour *Laneo*, *Lan Ew*). *Eo*, *Ew* est sans doute le gallois *Yw* conservé dans *Ystrad Yw*. cantref de Crickhowel en Brecknockshire).

Eol, Ewl : C'est le nom qu'on retrouve dans *Peaule* (pron. *Pęǫl*), paroisse du Morbihan, plus anciennement *Pleaul* (Pleaule, 1387, Ploeaule, 1454).

C'est aussi *Eol* qu'on a dans le nom estropié de *Dineault* paroisse du Fin., comme le montre la forme *Dineule* (Dineul), c'est-à-dire *Din-ewl* (*Din* citadelle) du Cart. de Landevennec.

Ce nom me paraît identique au *Lan Din-iul*, *Lan Dineul* du Book of Llandav : il ne me paraît avoir rien à faire avec Llàn-Ddeiniol.

Eozen (saint) en Rosnoen, *Saint-Yozen* en Poullaouen (Fin.). C'est le nom ancien Eudon (*Ewdon*). *Eozen* a donné *Ewen*, et a été confondu comme le vieux nom Ewen avec celui de saint Yves.

Erep (sant) *bian* et *Sant-Erep bras*, en Plabennec.

Ergat : *Lan-ergat* en Poullan (Fin.). *Ergat*, suppose *Aercat* : v. **Tergat**.

Ernan (saint) en Nostang (Morb.) : en 1505 *saint Hernan* : sans doute *saint Ternan* : v. plus bas.

Erneuc : *Ploerneuc* auj. *Plerneuf* comme *Rotheneuf* pour *Roteneuc* etc. *Paimbœuf* pour *Penbö*, *Quelneuf* pour *Quelneuc* = *Keleneuc* etc. Il me paraît certain que *Erneuc* est pour *Elneuc* par suite de dissimilation : il y a en Galles un saint Elnog, fils de Tudclud de Holyhead en Anglesey (Rees, *Lives*, p. 599 d'après des généalogies du *Harl. ms.*, 4181).

D'ailleurs, dans la vie de saint Goueznou, qui est du XIe siècle, il y a une parochia *Elnoci*.

Ervan (saint) en Cornwall (Oliver, *Mon.*, 438).

C'est notre saint *Erwan* confondu avec saint Yves : cf. *Sant-Yrouan* en Plouaret (Logell Sant-Yrouan).

Ervel : *Lann-ervel* en Rumengol.

GALLES : *Llan-erfyl* en Montgomeryshire : patron *Erfyl* quelquefois écrit, il est vrai, *Eurfyl*.

On peut aussi supposer que *Ervel* est ici pour *Elvel* par dissimilation : *Elfael*, nom bien connu en Galles.

Erven (saint) : en Plouay : écrit à tort *'Derven* dans Saint-Derven en Grandchamp, Damgan ; *Sant-Derven vihan* et *Sant-Derven vras* en Meucon (Morb.).

GALLES : *Saint-Eruen* en *Lan-cum* (Llangwm), Monmouthshire (B. Llandav., 274). Dans la *Myv. arch.* on trouve un saint *Erwyn* sans autre indication, 425.1, qui doit peut-être se lire *Ervyn*. Le Book of Llandav donne un Ecclesia de *sancto Aruyno* qui est aujourd'hui St-Arvan dans le même comté (Arch. Camb., 1902, p. 107). *Erven* rappelle le s^te *Armine* des anciennes Litanies.

Euffret dans *Lan-euffret*. On identifie ce nom avec *Lan-wiurett* (*Lan sancti Wiuvreti*) du Cart. de Landevennec (La Borderie, *Mém. de la soc. d'Em. des Côtes-du-Nord*). Je ne connais pas exactement la prononciation. Il me paraît probable que le nom a dû passer par la forme *üvret* représentant *ŭi-vret* (vieux-bret. *Wiw-brït-*).

Eval : *Saint-Déval* en Saint-Hernin (Fin.). Comme Deval ne répond à rien et que la prononciation *sandevall* semble indiquer un mot commençant par une voyelle, j'ai préféré Eval : Saint-Eval de Cornwall est différent : v. *Uvel*.

Le nom se retrouve ailleurs : *Meneval* en Kerlouan ; *Ker-eval* en Plouneour-Trez (Fin.).

La forme vieille-bretonne est probablement *Et-wal* : Treb-etwal (*Chrest.*, 129). *Etwal* sera devenu *Edwal* et *Eval*.

Evy : *saint Evy*, chapelle à Saint-Jean-Trolimon ; on en a fait saint Yves : le patron est *Devy*, sans doute.

Even : Logueven (*Log-Even*) en Plouhinec (Fin.); Llannevain (graphie française) en Clohars-Carnoët (Fin.). *Even* ou plutôt *Ewen* est un nom bien connu.

Ce saint a été confondu avec saint Yves.

Eveltoc[1] (saint) en *Eveldoc*, patron de Brouennou (Soc. arch. Fin., 1904, p. 311).

Ewin : dans *Plevin* (C.-du-N.) : au XIVe s. on prononce *Ple-ïin* : *Ploe-Ewin* : la forme *Ple* ne s'explique guère dans cette zone que par le voisinage d'un *e*. On trouve la forme *Plegnin* qui achève la démonstration.

CORNWALL : S[tus] Ewinus en Lelant, *olim* Lanant.

Ewl : v. **Eol**.

Felan (saint) en Silfiac (Morbihan) : c'est la forme que l'on trouve en 1251 et qu'il faut garder. Les formes *Fez-glan* (foi pure) 1421, *Fezlan* 1451, sont des étymologies : elles n'ont qu'un intérêt linguistique.

PICTES (Écosse) : saint Phillan, écrit aussi *saint-Felan*, a une église à *Strath-Fillan*, fondée par Adamnan chez les Pictes (Bellesheim, *Geschichte der Kath. Kirch. im Schottland*, I, p. 101).

Ce saint a une église à Aberdour sur le Firth of Forth; sa fête se célèbre en Écosse le 9 juin. Il a évidemment été honoré chez les Bretons du Nord.

Fiac : *Saint-Fiac* en Maroué (C.-du-N).

Cf. pour le nom *Liffiac* (*Lis-Fiac*) en Tregomeur (C.-du-N.) et *Men-fiac* en Plouescat (Fin.).

Il y a aussi un *Lan-fiat* en Mahalon qui pourrait être une mauvaise graphie.

Fidweten (saint) : saint de Redon (Cart. Red., 420) : *sancti Fitweteni*. Le nom est composé de *fid* et de *weithen* : qui combat pour la foi.

Fily se trouve en Bretagne et dans des noms de lieux et fréquemment comme nom d'homme : Tre *Fily* (C. Landav., 47); *Ker-fily* en Elven etc.

Cependant rien n'indique qu'il y ait eu un saint Fily.

1. Une vie de saint Hervé (*Soc. Em. des Côtes-du-Nord*, 1891, p. 266) donne : partem *Lan-doguolthoe* ou *Lan-doguolthoc* : si on adopte *Do-weltoc* pour *To-weltoc* on a notre saint.

Or, il y a une paroisse de *Filley*, *Fillye* ou Fhilley en Cornwal ; un saint Ffili qui a une église à Rhos Ffili en Gower (Rees, *Essay*, 277) : cf. *Caer-phili* en Glamorganshire.

Fingar : v. **Guigner**.

Forion (saint) en Plusquellec (C.-du-N.) : probablement Saint-Symphorien qu'on appelle couramment en Locmalo (Morbihan), *Zant Forien*. Son culte paraît avoir été assez répandu.

Sanctus Symphorianus est honoré en Elerkey en Cornwall (Oliv., *Mon.*, 438).

Fragan : Saint-Fregan (on trouve *Frogan*) écrit à tort avec un *t* final, trêve de Guisseny ; ce saint a donné son nom à Plou-fragan.

La forme ancienne est Fracan.

Freuc (saint) en Plancoet (C.-du-N.) : Plancoet est en zone française : serait-ce le vieux-breton *Freoc* ?

Galop (saint) en Plumieux (C.-du-N.).

Comme nous sommes en pays depuis longtemps de langue française, il est très probable qu'il s'agit de *Saint-Win-Waloe* : cf. Saint-Galery dans la même zone pour Saint-Walery. Saint Winwaloe a été honoré sous le nom de *Waloe* : il y avait une église sous le vocable de saint Walloi, en 1042 à Montreuil-sur-mer (Oheix, *Les reliques bretonnes de Montreuil-sur-mer*, Nantes, 1906, p. 11). Le *p* final est dû à une mauvaise plaisanterie.

Ganton (saint) : paraît extrait de saint Gueganton, qui est, en effet, le patron de cette paroisse (de Corson, *Pouillé d'Ille-et-Vil.*, VI, p. 23).

Gelven (saint) dans les C.-du-N. Le *g* = *j* français : le patron est *saint Juvenal* ! La forme est altérée.

Gemel : v. **Guenvael**.

Genidic : *Loquinidic* en Cast.

Le saint qui y est honoré est *saint Geniste* !

On a aussi tiré de ce nom de lieu un *saint Tinidic*, ce qui est impossible. La seule forme qui ait une apparence bretonne est *Ginidic* pour *Genedic* (cf. gallois *genedig*, né de) (Sur ces noms, v. Bull. C. D. 1905, p. 128).

Genedauc existe dans les Généal. galloises.

Gerand (saint) : paroisse du Morbihan.

La forme la plus ancienne est saint Gelan (1406) qui représente la prononciation actuelle : *san Jelàn* (sur ce saint, v. *Annales de Bret.*, II, 67).

Gerfred (saint) : moine de Glanfeuil, qui a vécu en Bretagne (Cart. Red., 412). Il aurait donné son nom à *Loqueffret* (Fin.), ce qui me paraît peu probable : il y a une confusion et superposition de deux mots différents : v. **Euffret**.

Gildas (saint) : Ce saint est honoré en Bretagne à peu près partout sous la forme *Gwẹltas* : *sant Weltas* et *sant Veltas* suivant les régions. On dit à Rhuys *san Gedas* avec *g* dur, mais c'est une prononciation très vraisemblablement faite sur *Gildas*. *Gwẹltas* ne peut remonter à *Gildas*, non pas tant à cause de l'absence de vocalisation de *l* devant *d*, qui peut se justifier, mais à cause du *gw* initial. Si, en effet, on suppose que *ī* représente *ei*, on eût dû avoir partout *Goueltas*. Il y a là une énigme historique difficile à pénétrer.

Saint Gildas est le saint dont le culte est le plus répandu : Il y a des *saint Gildas* en Penestin, Rieux, Marzan, Saint-Armel, Caden, Gavres, Bohal (Morbihan); Bothoa, Canihuel, Saint-Gilles-Pligeaux (*Gueltas*); Plevenon (Saint-Gueltas) Lanrivain, La Harmoie, Vieux-Bourg-Quintin, Mael-Pestivien, Laniscat, Saint-Mayeux (C.-du-N.) ; Croix-Gueltas, en Combrit (*Gueldas*) ; Guissény, Cast, Plouguerneau (*sant Veltas*) dans le Finistère. C'est surtout dans les *loc* qu'il apparaît : *Loqueltas* = *Locgwẹltas*. *Loqueltas* paroisse du Morb. ; *Locqueltas* (ou *Loqueltas*) en Arradon, Baden, Baud, Bubry, Crach, Groix, Locoal-Mendon, Plaudren, Ploemeur, Port-Philippe (Belle-Ile), Cléguerec, Inguiniel, Nostang, Sulniac, Sauzon (Belle-Ile) : dans le Morbihan. La principale paroisse est Saint-Gildas-de-Rhuys où il a son tombeau. Loqueltas à Ouessant (de plus, *Mez Pors Gildas*; *Mez Gueltas*), Ergué-Gaberic, Benodet (Finistère), *Loqueltas* en Saint-Nicolas-du-Pélem (C.-du-N.).

On peut citer encore *Sant-Veltas* en Cleden-cap-Sizun, Lanhouarneau.

Saint Gildas a donné son nom encore à Saint-Gildas-des-

Bois (Loire-Inf.), à la pointe de Saint-Gildas à l'embouchure de la Loire sur la rive gauche.

Gingurianus (saint) : moine de Rhuys, au XIe siècle. Le nom est *Gwin-gurian* (ou *Gurien*) ou *Iun-gurian* : cf. Ginguené = *Iunkenco*. *Gourien* existe dans *Lann-ourien*, V. *Locunelien*.

Glen (saint), paroisse des C.-du-N. : *s[tus] Glenus* (Pouillé de Dol).

Goal (saint) : La forme la plus ancienne du nom de ce saint est **Woitwal** (vita *Vodoali* Bibl. nat. lat. 17626, Xe s.). Dans les Litanies, on a *s[te] Guidguale* et *Guoidwale* qui vaut mieux, comme le montre l'évolution du nom.

Ce saint a donné son nom à *Locoal*, presqu'île en Locoal-Mendon (Morb.) : Locus sancti *Guituali* en 1037 ; *sanctus Gudualus* en 1387 ; *Locoal* en Camors (Morb.). Il y a *Saint-Coal* pour *Sant-Goal* ? en Guilligomarch (Fin., anciennement diocèse de Vannes). *Loposcoual* en Baud (Morb.) est pour *Loc-post-Goal*.

Saint-Owal, chapelle en Loctudy (Fin.), est sans doute consacré au même saint : *sant Ou-wal* et *Oual* (on prononce *Ou-al*).

CORNWALL : *Gudwal* : auj. écrit Gulval.

Il y a un saint *Gurval* qui a dû être confondu en Bretagne aussi avec l'autre : on trouve dans les litanies : *s[t] Gurgualr* pour *Gurguali* ou *Gurguall*.

Il y a un ruisseau de Saint-Gurval en Guer, mais la forme est littéraire et ne prouve rien : il eût fallu au moins *Gourval*.

Le nom de paroisse *Gulval* en Cornwall est en faveur de Gurwal. Les litanies de Dunkeld (Haddan et Stubbs, *Councils*, II, p. 281) ont s[t] Gudal.

Goazec (saint) : paroisse du Finistère.

Ce saint est tout différent de *Gouezec* et de *Guouez-nou*. Le nom rappelle le gallois *Gwassawc* qui apparaît dans le Livre noir : *guassauc meu fit*, le garant de ma foi. Il est cependant possible que Goazec soit pour Goathoc, *Goethoc* : cf. *Lan-oazoc* en Ploudaniel (Fin.). Ici le sens de *Lan* n'est pas sûr ; cela peut signifier : Lande arrosée par des ruisseaux.

Goazou : *Saint-Oazou* en Plourin : cf. *Goazec*.

Gobrien (saint) : *s^tus Gobrianus* a vécu au XIIIe siècle. Il est honoré à Camors, Saint-Servant, Rohan (Morb.). Il est sous une forme littéraire et traditionnelle ; c'est un dérivé de *uuo-bri* conservé dans Saint-Gouvry (v. gall. *uuobriach* gl. *sapientior*). Si la prononciation était actuellement *gobrien* en breton, il faudrait supposer une forme vieille-bret. *uuo-prian* qui peut s'expliquer.

Goelan : conservé dans le nom de la paroisse de *Langoelan* (dès 1268) : on prononce *Lawelan* (canton de Guémené-sur-Scorff, Morbihan). Il est possible et même probable que c'est le patron de Saint-Melan en Lignol, dans le même canton, car on prononce *Za-welan*.

Cornwall : Dans le Domesday Book pour le Cornwall, apparaît un manoir de *San-guiland* possédé par Thurston. Serait-ce aujourd'hui *Golant* (Oliver, *Mon.*, 442) ? Cf. *saint Faelan* en Irlande ?

Goezian, Gozien (saint). Dans les litanies anc. *sancte Guoi diane* ; *St-Guedian* dans le Cart. de Quimperlé. Dans la vie de saint Coulven (Soc. arch. Fin., 1904, p. 76) on trouve *Godian* et *Gozian* ; cf. *Dom Lobineau, Vies*, p. 47.

Ce nom apparaît évolué en Goezian (J. Loth, *Chrest*, 208) ; au XIVe s. *Goezian* a donné son nom à Audierne (Finist.) ; *Audierne* est une pure absurdité ; le nom breton est *Goyen* ; c'est le port de *Goezian* en 1410 ; on trouve aussi *Tref Goezian* (*Bull. C.D.*, 1902, p. 177). Son nom apparaît encore dans *Lanouzien* en Landivisiau.

Pour le sens cf. le gallois *gweddi*, *gweddiant*, prière,

Cornwall : *Gwithian*, *Gwethian*, paroisse, *s^tus Gothianus* (Oliver, *Mon.*, 439).

Gohin : *Locohin* en Kervignac (Morb.) L'absence d'infection indique non *co-* mais *guo-* ; c'est probablement un saint *Godin* ou *Goudin*.

Galles : *s^t Gwddin* à *Llan-wddin* (Denbighshire ; Rees, *Essay*, 145).

Golgon : v. *Gorgon*.

Golven (saint) **Goulven** (saint) : *saint Golven* en *Caurel*, *Lanloup* (C.-du-N.). *Locolven*, (Locolwen) var. Locoulven, Locoulguen en Bubry, Inguiniel (Morb.) ; *Saint-Golvin* (graphie française) en Taupont (Morb.); *Goulven*, *Goulien*, paroisses du Fin.; *St-Voulc'hien* en La Feuillée (Fin.). Saint Goulven a des chapelles à Edern, Hanvec et est honoré à Dirinon et Saint-Didier (Fin.), Saint-Goulven en Lanvellec (C.-du-N.). Il y a une fontaine de Saint-Goulven à Keroulien en Plouider.

Dans les anc. lit. son nom est *ste Gulhuinne* (*Vulvinus* dans le *Mart. de Castell.*, v. J. Loth, *Anc. Lit. Rev. Celt.*, 1890, p. 141; v. vie de Saint Goulven (Soc. arch. Fin., 1890, p. 204).

Le nom apparaît plusieurs fois dans le B. Llandav (276): *Guollguinn* (276).

Gonery (saint): paroisse du Morbihan; Saint-Gonery (*Saint-Conery* dans la prononciation) en Plougrescant (C.-du-N.). *Lan-Gonery* (qui semble supposer *Conery*) en Plourin.

Gonlai (saint) : ancien évêché de Saint-Malo. Ce nom paraît identique de prime abord à celui du saint gallois *Gwndle* (*stus Gundleus*); cf. *Nant-Gwnlle* en Cardiganshire, mais en gallois la forme est Gwynllyw. Et c'est bien le saint qui est invoqué dans les Anc. Lit. sous la forme *Sancte Guenleue*. Saint-Gonlai est en zone française, anciennement bretonnante; il est impossible de songer à retrouver la forme sincère par la prononciation.

Gorgon (saint) : paroisse du Morbihan; Saint-Golgon en Trégastel (C.-du-N.). Pour le nom, cf. *Kerourgon* en Plouvien, (Fin.). Cf. *Gwrgon*, fille de Brychan et mère de st Dewi (Rees, *Essay*, 147).

Gorvé : *Locorvé* en Plouray (Morb.), en Glomel (C.-du-N.).

Galles : *Gorfyw* sant, capel *Gorfyw* à Bangor (*Myv. arch.*, 427. 2). Pour la finale en breton, cf. *Hoarvé* = *Hoiarnbiu*. D'ailleurs, on a *Les-corveo* (Lescorveau) en Saint-Nic (Fin.)

Gouarhen (saint) : *Busitt sent Uuarhen* (*Busitt*: la boissière), dans le cart. de Landév. 33.

Gouazien (saint) : v. *Goezian*.

Goudas (saint) en Pleslin (C.-du-N.), (zone française); prononciation dialectale supposant *Goueltas*.

Gouescat (saint) : ce saint est patron de Tréogat; il est honoré dans la chapelle de Treouescat en Guipronvel; nos prêtres ne sont pas très fixés sur son nom ; on l'appelle aussi s[t] *Escat*, *Ergat*, *Boscat*. Ces formes peuvent à la rigueur s'expliquer toutes en partant du * *Woed-cat*, par des variations dialectales (Soc. arch. Fin., 1903, p. 173 ; 1905, p. 200). Le *đ* spirant apparaît également comme *r* dans s[t] *Turwal* pour *Tuđwal* = *Tut-wal*, forme dialectale du Trégorrois ; *Lanurgat* pour *Lan-Iudcat*.

Gouezec : paroisse du Fin. ; en 1468 *Goezeuc*. C'est le même saint que *Gouez nou* ; c'est la forme hypocoristique ; cf. *Brioc* et *Brio-maglus*. Il apparaît sous la forme *To-wedoc* donnée dans la vie de Saint-Paul de Léon, doublet de *Woednovius* ; conservé dans *Saint-Touezec* en Plounez (C.-du-N.). M. Tempier, archiviste des Côtes-du-Nord, me signale également le village et la fontaine de *Lan-douezec*. Pour *Gouezec*, cf. *Lan-voezec* en Pouldergat (Fin.).

Goueznou (saint) a donné son nom à la paroisse de *Goueznou* (Fin.) ; en 1516 *Lan-goeznou*. C'est le saint compagnon de Paul Aurélien : *Woednovius* (et *Towedocus*) : *woed-nou* pour **woed-gnou* : moyen breton *gnou*, évident, qui sait et qui connaît. Saint-Goueno paroisse de Saint-Brieuc ; Saint-Goueno en Plélo : on lit dans les *Anc. Év.* (IV. 217, an 1300), eccles. de la S[to] *Godenano* en *Plelou* ; il faut corriger *Sto Godnauo* (*Godenauo*).

La fontaine *Saint-Ouéno* en Plédran ; le pré *Saint-Gouéno* en Saint-Gilles-vieux-marché (C.-du-N.).

> Cornwall : c'est vraisemblablement le saint qui a donné son nom à *Lan-udno* : *u* (*ou* français vraisemblablement) est conforme à la phonétique cornique. On trouve *Lanuthnoe* qui ne prouve rien (Ol., *Mon.*, 461-462). Si *u* représente *ü* français, le nom serait *Iuđ-now*. L'église a disparu et le nom n'est plus conservé que dans le manoir de *Lan-uthno*.

Gouidi (saint) ou *Houidi* : s[t] *Ouidi* en Treflez (Fin.).

Goulouan : chapelle de *Lan-oulouan* en Plouguin. (Soc. arch. Fin., 1876, p. 47).

Goulven : v. **Golven**.

Gouray est le nom d'une paroisse des C.-du-N. La forme courante au moyen âge étant *Gorre* (le haut, le sommet ; on dit *Le Gouray* encore), ce nom n'a rien à faire avec le saint gallois *Gwrai*, saint de Bangor Deinioel en Gwynedd, ou *Gwrhai*, fondateur de Penystrywad en Arwystli (Montgomeryshire, cf. Jones, *Cymru* 1, 607). En revanche il me paraît très possible que *Gwrái* ait donné son nom à la paroisse de *Plouray* (Morbihan) : la forme *plou*, dans cette zone, ne peut guère s'expliquer que par l'appui dans la syllabe suivante d'un *w* ou *o* : *Plou-ouray*.

Gouredec (saint) : mal lu *saint Touredec* par Dom Lobineau, *Vies des saints*.

GALLES : chapellenie de *Gwredog* en Llantrisant (Anglesey) ; un saint du même nom y est honoré (Arch. Cambr., 1900, p. 85).

Gourhant (saint) : *zant Ourhant* en Plounevez-Moedec (C.-du-N.). = Gourhant ; vieux breton *wur-want*, nom bien connu d'un héros du IXe siècle [1]. On en a fait *Saint-Ethurien*.

Gourlais (saint); **Gourloe** : écrit avec un *s* qui n'existe pas. Saint-Gourlais au Croisic (Loire-Inf.); *Saint-Gourlais* en Muzillac (Morb.). Pour le nom, cf. Run-Gourlay en Le Faou (Finist.). Il me paraît probable que la forme la plus ancienne est *Gourloe* qui a donné en Haute-Corn. et en bas-Vannetais *Gourlọw* (cf. Caradou = Caradoe ; *nadọw*, Haute-Corn. = *nadowe* = *nadoed*, aiguille). Il est très probable que saint Gurloes (*Gourloes*, *Gurloesius*) a été confondu avec un saint plus ancien, car dans la région du Faouet et Quimperlé, il n'est connu que sous la forme *Gourlow*, (*zand ourlow*). Il est honoré sous ce nom à Locmalo (Morb.).

D'un autre côté, la forme *Gourloes* est bien bretonne et fort connue en Cornwall.

Gouron ? : dans *Lannouron*, nom connu : il y a une rue de *Lannouron* à Brest.

CORNWALL : *s. Goronus* (Ecl. s[ti] *Goroni* au XIIIe s.), auj. *Goran* (Oliv., *Mon.*, 461).

Le nom se retrouve probablement sous la forme vieille-bretonne *Uuoron* = *Uuron*, en 833, dans la Cart. de Red., 7 ; *Gouron*, gall. *gwron*, signifie vaillant.

1. Il a donné son nom à une rue de Rennes sous la forme barbare de Gurvand.

Gourthiern : v. **Gurthiern**.

Goustan (saint) : a donné son nom à la paroisse de Saint-Goustan d'Auray; (*s*[t] *Gulstanus* de Alrayo en 1387) ; Saint-Golstan en Theix; St-Goustein en Quistinic (Morb.) ; Saint-Goustan en Croisic (Loire-Inf.). Il est le patron de Hoedic (Hédic) et de l'église paroissiale de Saint-Gildas (Morb.); son tombeau est dans l'église de Saint-Gildas de Rhuys. Sa vie est légendaire. Elle est sans doute vraie en un point, c'est qu'il aurait été enlevé de Grande-Bretagne par des pirates et débarqué au bout de plusieurs années de servitude, à cause d'une infirmité, sur les côtes du Léon. Il serait ensuite allé se jeter aux pieds de saint Paul de Léon, puis après un voyage en Terre sainte, serait venu demander à l'abbé Félix de le recevoir au nombre de ses religieux. Saint Paul vivant au VIe siècle et Félix au Xe-XIe, on voit ce qu'il faut penser de cette vie (Albert le Grand). Il me paraît sûr, étant donné le fait que Goulstan a été patron de divers lieux importants, et notamment de l'église de Saint-Gildas, que ce saint a vécu bien avant le XIe siècle.

Le nom est anglo-saxon mais connu en Galles. Il y a un saint *Gwlstan* (écrit *Gwylystan*; on trouve dans les triades *Golystan*) honoré en Galles, le 19 janvier (Iolo mss., p. 152, d'après un ms. écrit vers 1500).

Albert le Grand écrit Gunstan.

Gouvry (saint) a donné son nom a une paroisse du Morbihan (*s*[tus] *Gobricius* en 1387; *Saint-Govri* en 1422); cf. *Gobrien*. Saint-Gouvry est aussi une trève de Rohan (Morb.).

Gouzel : *Lann-ouzel* en Plougastel-Daoulas (Fin.).

CORNWALL : *Guithiel*, nom d'une paroisse.

Gouzien : v. **Goezian**[1].

Gueganton (saint) : La forme la plus ancienne de ce nom est : *Guen-ganton* (*Guenguenton* dans un calendrier de Saint-Meven, d'après Tresvaux I). *Uuicanton* existe aussi bien que *Uuin-cant*,

1. *Gouzien* peut, il est vrai, venir de *wid-gen*. Il semble bien que *Goezien* soit la forme longue, à deux terme=*woed-gen*, et *Gozian* ou *Goezian* la forme courte avec suffixe *-i-an*. Il est très probable que *saint Gouazien*, patron de Lanvoy en Hanvec, est le même saint; car il y a des variantes qui ramènent à *Goedien*, comme *saint Golien* (lisez *Goyen*) et *sant Oyan* (mal écrit *oyant*); cf. Soc. arch. Fin., 1904, p. 39).

en vieux breton (J. Loth, *Chrest.*, 174-175). Le nom est également Winganton dans les *Script. hist., franç.*, t. III, p. 144). Les reliques de saint Gueganton furent transportées à Paris, lors des invasions scandinaves. Il est honoré à Saint-Neganton en Saint-Agathon (C.-du-N.). On prononce *san-eganton* = *san-ẅeganton*; cf. *san-nouardon* pour *Sant-Houardon*. Il me paraît évident que Saint-Agathon est une de ces stupides métamorphoses dont le calendrier et l'onomastique bretonne donnent tant d'exemples.

Il y a un *Ker-veganton* (régulier pour *ker-üeganton*) en Tréglonou (C.-du-N.), v. plus haut, Saint-Ganton.

Guegon : paroisse de Guégon (Morb.); *Lan Guegon an maguaerou* en Gouezec, Fin. (Cart. de Landévennec, 18, acte du XIIIe s.); *Lan-veguen* (*vegen*) en Gouezec : s^tus Viconus (Cart. Landév., 12).

Guehenno doit être considéré comme un nom de saint. Le nom de cette paroisse était en effet, *mouster-Guezenou*, en 1260. *Guehenno* représente une forme vieille-bretonne *Ueithgnou*.

Guehenoc (saint) : v. **Guethenoc.**

Guelleau (saint), aussi *saint Vellé* (*Welleo*), honoré dans la chapelle de *Guicquelleau* en Folgoet : évêque ermite à Toulran (Soc. arch. Fin., 1905, p. 187).

Guen (saint) : en Ploufragan, St-Guen à Mur (C.-du-N.); *Saint-Guen* en Baud, Guénin, Saint-Tudual (*Tugdual*); *Pleuven* (Fin.).

> Galles : saint Gwynn, honoré avec ses frères, Gwynno, Gwynnoro, Celynin, Ceitho, à Llanpumsant (monastère des 5 saints) en Carmarthen (Rees, *Essay*, 213).

Guen (sainte). Dans l'église de Saint-Vennec en Briec (Fin.), il y a une statue de sainte Guen Trimammis [1].

> Galles : *Gwen Teirbron* (Trimamma) est la mère de *Catvan*, saint honoré en Enlli (île de Bardsey): *Archiv.*, II, 159. On voit justement que notre *Guen trimammis* est la mère non seulement de saint Jacut, mais encore de Guethenoc, lequel en sa qualité de *guerrier* fut surnommé *Cadwan* : lisez *Cadvan* = *Catu-mano-*, homme de combat

1. *Bull. Comm. Dioc.*, 1901, p. 117.

(v. note 1 à la page 773 des *Vies des saints* d'Albert le Grand rééditées par MM. Abgrall, Peyron et Thomas : les éditeurs naturellement n'ont pas songé à ce rapprochement). Comme *Guethenoc* signifie également *qui combat*, il est très probable que *cadvan* est le nom et *Guethenoc* le surnom.

CORNWALL : sainte Wenn, église en Morval.

Guenan : *Lan-venan* en Quimerch (Fin.) ; *Pen-venan* (Penwenan), Côtes-du-Nord.

GALLES : sainte *Gwenan*, fille de Gildas (Archives, II, 177).

Guengalon (saint) : saint Wincalon, saint de Redon (Cart. Red. 420) ; a donné son nom à une paroisse, aujourd'hui de langue française ; *Vildé Guingalan* (C.-du-N.)

Guengar (saint) : Saint-Guengar (Eccl. *s*ti *Guengari* 1133), en Pierric (Loire-Inf.) ;

Lan-guengar, ancienne paroisse à une lieue au nord-est de Lesneven (Albert le Grand, *Vies*, p. 650, *Soc. arch. Fin.*, 1905, p. 185) ; cette paroisse est annexée à Lesneven ; on trouve incorrectement écrit au cadastre : *Languingar*, *Bourg-Languingar*, *Coat-*, *Goarem-*, *Parc-Languingar*.

Guengat : paroisse du Finistère. Comme pour Beuzec, Guégon et d'autres, le nom de *ploue* a été omis. Dans le vieux-bréviaire de Léon, on trouve en effet : de Sto *Guengado* (Duine, *Brév.*, p. 228).

Lavengat en Guissény (Fin.), plus anciennement *Lan-vengat* (= *Wengat*); Albert le Grand, *Vies*, p. 60.

Guengu (sainte). Cette sainte se déguise aujourd'hui sous le nom de Sainte-Candide qui traduit à peu près son nom. Il y a, en effet, en Tourc'h (Fin.), une chapelle de Sainte Candide, auprès *Locunduff*. Or un aveu de 1619 (*Bull. C. D.* 1903, p. 84) nous apprend que la sainte patronne de *Locunduff* est *sainte Vengu*. Il est évident que *Locunduff* est un barbarisme pour *Locunguff* = *Loc-gŭenguff* : cf. *Locunolé* = *Loc-gŭenolé* ; la différence de forme entre *Locunolé* et *Loquénolé* est due au degré de palatalisation de *g* dans *gwe*.

Les rédacteurs du *Bull. de la Comm. Dioc.*, n'ont pas soupçonné l'erreur de graphie de Locunduff et ont rapproché

Guengu de *Guen-gustle*, surnom de s[te] Ninnoc. La vie de sainte Ninnoc est interpolée avec des additions empruntées à des documents gallois. En lisant la revue des Églises et chapelles du Fin., dans le *Bull. de la soc. arch. Fin.*, 1903, p. 161, je trouve la forme *Loc Guenguff*.

Guenhael (saint) : en Caudan, Cleguer, Plouharnel, Pluvigner, Guiscriff (Morb.); à Gomené (C.-du-N.). Il a eu des chapelles en Poullaouen, Elliant, Moelan, Penhars, Ploneïs, Landivisiau, Coray (celle-ci existe); en Pouldergat, sa chapelle est l'objet encore d'un pèlerinage. Il a sa statue et sa fontaine à Ergué-Gaberic près Quimper. Il est patron de Plougonvélen, de Botlazec (Fin.).

Le monastère principal de Guenhael, favorisé par Weroc, tombé en ruine, fut remplacé par un autre plus grand, par Nomenoe, mais détruit par les Normands. Il était en Caudan; à côté de Saint-Guenael en cette paroisse, il y a encore un *Locunel* (*Loc-gwenel*, *Loc-wenhael*); son nom apparaît sous des formes diverses dans : *Lan-venaël* en Plomeur, *Saint-Vinnel* en Poullaouen (cf. *Saint-Guinel* en Mauron, *Morb.*); *Saint-Guénal* et *Saint-Vénal* en Landivisiau, *Saint-Vénal* en Saint-Pol de Léon; *Saint-Guénal* en Poullaouen.

Guenoc, Guenec (saint) : *s[t] Venoc* en Plouhinec; *s[t] Vennec* en Briec, Combrit, Landrevarzec (Finist.); *Lan-venec* en Plourin (Finist.); en Lanrivoaré; dans le cart. de Landév 39, c'est *Lan-guenoc* et cette terre est donnée comme le patrimoine de saint Guenhael. Le nom de *Guennec*, apparaît encore dans celui de la paroisse de *Tre-veneuc* (C.-du-N.).

Ce saint a été sûrement confondu avec saint Winwaloe; il a été aussi confondu avec *saint Guethnoc*.

> CORNWALL : *Lan-wenock*, aujourd'hui Lewanick, est, en effet, comme Landewednack (*Lan-dewennoc*), dans le même pays, dédié à *s[t] Wenack*. Il est, en outre, possible qu'il ait été confondu avec notre saint Winnoc, neveu de Judoc, patron de Bergues-Saint-Winnoc en Flandre-française.

L'existence d'un saint Gwynnog en Galles, semble bien démontrer qu'il y a eu antérieurement à s[t] Guenolé et surtout à s[t] Winnoc qui est du VIIe siècle, un autre *s[t] Winnoc. Gwynnog* a donné son nom à *Llan-wnog* en Montgomeryshire (*Arch. Cambr.*, 1901, p. 145). (*Sanctus Gwinocus* au XIVe s.). Il y a un s[t] Winoch dans les Lit. de Dunkeld (Haddan et Stubbes, *Councils*, II. Part I, 280).

Guénin (saint) : en Plouray; *Guenin* est aussi le nom d'une paroisse du Morbihan; *Locquinin* en Plouhinec (Fin.) : Tribus *Sancti-Guinnini* (Cart. de Quimperlé, 264).

Il y a un saint Guénin, évêque de Vannes au VIIe siècle, mais il a eu des prédécesseurs du même nom, comme on va le voir :

GALLES : saint *Gwynnin* a donné son nom à *Llan-dygwynnin*[1] en Carnarvon ; sa fête se célébrait le 31 décembre. (Rees, *Essay*, 302; cf. *Archiv.*, II, p. 177).

Guenioc : v. **Guignec.**

Guéno (saint) en Plouguiel (C.-du-N.) ; *Lan-venou* en Kimerc'h n'a rien à faire avec *Gouenou*, *Goueznou*.

GALLES : Gwynno, saint honoré avec Illtut et Tyfodwg à Llantrisaint en Glamorgan ; *Llanwynno* en Glamorgan, chapelle dépendant de *Llantrisaint* (Rees, *Essay*, 257) : v. **Guinou.**

Guenolé (saint) : La forme la plus ancienne est *Win-waloe*; *sanctus Guingualoeus* (Cart. Landev., 103); le *sancti Guenmoloci* du Cart. de Quimperlé doit être corrigé en *Sancti Guennoloei*.

Saint-Guénole en Clohars-Fouesnant, Lannilis, Collorec, Locronan, Elliant, Beuzec-cap-Sizun, Beuzec-cap-Caval (Finist.); en Priziac, Langonnet, Gourin, (Morbihan) ; en Tonquédec, Plourac'h, Quimper-Guézennec (C.-du-N.) ; **Locunolé** en Inzinzac, Pontscorff, Kervignac, Kistinic (Morb.). Locunolé est aussi une paroisse du Finistère, de même que Loquénolé ; il y a aussi un Loquénolé en Plounevez-du-Faou.

Il y avait à Montreuil-sur-Mer une église sous le vocable de ce saint, sous le nom de Saint-Walloi (v. **Galop** plus haut).

Sous le nom de *To-wīnnoc*, (*to* + dérivé du premier terme), il a donné son nom à *Landevennec*.

CORNWALL : Il est honoré sous trois noms en Cornwall : *Gwennock*, patron de *Landewednack*; *Towinnoc* qui a

1. On devrait, dans ce cas, avoir *Llan-dywynnin*.

donné son nom à la paroisse justement de *Lan-dewednack*; *Gwnwalloe*, *Gwnwallo*, également paroisse. Tresmere est aussi dédié à saint Winwolaus (Oliver, *Mon.*, 443). Oliver cite une capella s[te] Ye et *S[ti] Towynnoci*. En 1544, l'évêque Hippo consacre le cimetière de l'église paroissiale de St-Tewynnoc.

Winwal est un nom connu en Galles (*Guingual*, Cart. B. Llandav., 169).

Guentroc (sainte) : Parc santes *Ventroc* en Trefles (Fin.). C'est un surnom; la sainte guérit des tranchées (*gwentr* et *gwentl*) : v. J. Loth, *Annales de Bret.*

Guenvael (s[t]) : v. APPENDICE. Il y a eu confusion entre deux saints : *Envel* et *Guenvael*. En effet il y a dans la paroisse de Loquenvel (C.-du-N.) un village de *Guern-euvel* (à *Sibiril*, un *Lan-eufel*), probablement pour *Guern-envel*. D'un autre côté, la prononciation dure du *c* de *Loc.*, dans *Loquenvel*, prouve que le nom du saint commence par une consonne; or, en 1440 on trouve dans les chartes de l'abbaye de la Joie un *Loc-Guenvael* qui explique parfaitement *Loc-envel* : cf. *Loquevel* en Locarn (Fin.):

Guenvael est représenté dans les *Inscr. chrét.* de Gr.-Bret., par *Vendu-magli*. La forme proposée est encore justifiée par la graphie *Ecclesia Sancti Guenelli* (*Anc. Ev.*, IV, p. 278, an 1163; les auteurs n'ont pas identifié ce nom).

De Loquenvel, on a tiré Saint-Envel. Comme nous l'avons dit, ce nom existe réellement.

> GALLES : *Merthyr Enfail* (église consacrée à la martyre ou martyr *Enfail*, en Carmarthen); Enfail est donnée comme fille de Brychan, mais il n'y a pas à s'arrêter à toutes ces filiations de saints Gallois.

Guethnoc, Guethenoc (saint) : saint Guethenoc, frère de saint Jacu (v. **Guen** (sainte) plus haut); *Lan-uuethnoc* (cart. Land. 33), plus tard en 1241 *Lan-guezenoc* en Pleyben (*Bull. C. Dioc.*, 1902, p. 231, 229); ce saint a été aussi honoré sous le nom de *To-weithnoc*, comme le prouve *Lan-deguedenoc* (ibid.). *Guethenoc*, *Guedenoc* est devenu, en Cornouailles, par endroits, *Guennec*; c'est sous ce nom que *Gwethnoc* est honoré dans une chapelle près Quéménéven (Fin.); dans une chapelle en

Briec : 1578 s[te] *Goeznoce* et s[t] *Guesnec* (*Soc. Arch. Fin.*, 1893, p. 119, 120.

CORNWALL : Dans le Domesday Book : *Lan-wehenoc*, *Lan-guihenoc*.

Guidel : grande paroisse du Morbihan; au XIIe siècle *Guidul*; *Guidel* = v. breton *Guitaul* = *Vitālo*. Ce nom était répandu chez les Bretons insulaires : (Nennius, *Hist. Brit.*, LIV). Il est probable qu'ici comme pour Guegon, Beuzec, Cavan etc., le terme *plou*, longtemps resté en usage, dans le sens de paroisse, aura été négligé : on aura dit par abréviation Guidel.

Guidou (saint) en Loctudy (Fin.).

Guien ? (S[t]) : a donné son nom à *Plou-vien* (Finist.).

GALLES : *Lan-uuien* (B. Llandav, 206); on en a tiré s[t] *Nuuien* en annexant *n* de *Lann* [à *uuien* : Ecclesia *Sancti Nuuien* (ibid., 31).

Guignenec (saint) en Mael-Carhaix (C.-du-N.); on prononce couramment s[t] *Kŭignenec*, ce qui est régulier; l'*ĭ* doit provenir de *n* palatal : *Guignenec* suppose une forme vieille bretonne *Uĭnionoc*, qui n'a rien d'extraordinaire; cf. gallois *Gwynnionydd*.

Guigner (saint) : patron de *Plu-vigner* (Morb.); *Plc-guinner* en 1259, *Pleu-vingner* en 1327.

CORNWALL : s[t] *Vinnier*, *Gwnear* paroisse. On a identifié ce nom avec celui du saint irlandais *Fingar*. On raconte que Fingar ou *Guigner* fut martyrisé en Cornwall avec sa sœur Piala (O'Hanlon met leur fête au 23 février). Les deux noms sont très différents : *Fingar* ne peut donner *Guigner*. Le nom de *Guinier* est sûrement brittonique et ancien; on trouve, en effet, dans le Book of Llandav, un témoin du nom de *Guinier* (s'écrit aussi *Guiner*), fils de Jacuan, (p. 174). Dans ma *Chrest.*, p. 129, trompé par une mauvaise lecture du cornique (j'ai lu *Gwincar* au lieu de *Gwinear*), j'ai fait cette identification en m'appuyant sur le Treffingar du cart. de Redon. Mais il faut décomposer ce composé en *Treff-ingar* (v. plus bas *Ingar*). On fait de Guigner le patron de *Loc-Eguiner* (*Eginer*) : c'est tout à fait impossible.

Guignec : *Lan-viniec*, paroisse (*Anc. Év.*, IV, 149, 178);

Lan-vignec, en Plounez (C.-du-N.). C'est aussi le nom de la paroisse de Vignoc, figé avec une terminaison bretonne et une prononciation initiale française. *Guinioc* = *Guiniec* (*Gwĭnnioc*); cf. *Carn-winnioc* en Cornwall (de Gray-Birch, *Cart. Sax.*, III, p. 521, an 969) : v. *Guiniau*.

Guignorocus (sanctus) : on dit habituellement s[t] Ignoroc, mais le Cart. de Quimperlé a *Sanctus Vignorocus* (p. 86). Il figure dans la liste des évêques de Vannes. Mais comme l'a dit avec raison l'abbé Duchesne, cette liste jusqu'à Bili ne mérite aucune confiance. Elle est pillée de droite à gauche. Je soupçonne *Guignoroc*, d'être tiré du saint gallois *Gwynnoro*, frère de *saint Gwynn* (v. *Guen* plus haut).

Pour cette liste d'évêques, v. *Meldeoc*, plus bas.

Guignan (saint) en Saint-Jean-Kerdaniel : dans la même paroisse, Coat-*Guingnan*. Ce nom serait en vieux-breton *Uuenian*; *n* mouillé a amené *i* : cf. *Gwinniaw*, *Guiniec*.

Guihen (saint) en Saint-Carreuc (C.-du-N.; zone française); peut-être le même nom que *Guien*, plus haut.

Guimaec : v. **Maioc**.

Guimiliau : v. **Meliau**.

Guipavas : v. **Bavoez**, APPENDICE.

Guinec (saint) en Huelgoat. Si on prononce réellement *Gwinec* et non *Guignec*, on a affaire à une forme vieille-bret. *Wiñoc* = *Wĭnāco-s* : cf. *Gwĭneu* père de Teon d'une famille de saints en Galles (*Archiv.*, II, 106) = *wĭnou-* : v. **Guinou** plus bas. Il y eu un *saint Winoc* évêque de Rath-espuic-Innis en Armagh. du temps de saint Patrice (*O'Hanlon*, VIII, 29 août).

Guinniaw (saint) : apparaît dans deux séries des anc. Lit. Le nom est répandu en Bretagne; il y a des Ker-vinio (*Ker-ŵiniaw* en bas-vannetais), noms de lieux et d'hommes. Il est peu probable que ce soit le patron de Plouigneau (v. *Juniaw*). *Saint Winniaw* avait accompagné saint Samson en Cornwall.

GALLES : *Eccluis Guiniau*, ubi natus est sanctus Teliaus (B. Llandav, 255); aujourd'hui peut-être Penally Church en Pembroke. Le nom se retrouve encore dans *Llan-wynio* en Carmarthen (Rees, *Essay*, 308).

CORNWALL. Il est possible que saint Winnow soit *saint Winiau* : *ĭ* dans *win* est bref comme le montrent les graphies galloises. La cornique, assez fréquemment, n'indique pas le mouillement de *n*, et, dans ce cas, parfois, le redouble dans l'écriture, mais, dans le Domesday Book on a *Trevocarwinoe*; or dans cette paroisse, il y a un manoir de *San-winuec* (*sic*) dans le *Dom. Book*. Le saint paraît donc sous les formes *Wynnou* et *Wynnoc* ; S. Winnow est dédié à saint Winnoc.

Notre saint Winnoc breton est du VIIe et a laissé des souvenirs surtout dans le nord de la France (v. *Guennec*, plus haut).

Guinien (saint), autrefois patron de Ploudaniel (Soc. arch. Fin., p. 189).

Guinoux (saint) paroisse de l'ancien évêché de Dol. La forme de 1517 de *sancto Guiceno* ne peut se rapporter à Guinoux ou est fausse, à moins qu'on ne suppose *Guihenou* : v. *Guéhenno*.

GALLES : cf. Maenor *Wino* en Brecknockshire.

Si *i* est long anciennement dans *saint Guinou*, le seul nom qui lui soit identique serait *Gwineu*, père de Teon. (*Archiv.*, II, p. 166). *Uuinou* se trouve dans le cart. de Redon (J. Loth, *Chrest.*, p. 175).

Guipronvel : v. *Brochmael*.

Guirec : Il y a eu un s[t] *Guiroc*, semble-t-il, d'après *Saint-Guireu* en Plevenon (C.-du-N.), à moins qu'on ne l'ait extrait de Perros-Guirec. Ce qui est sûr, c'est qu'anciennement Perros-Guirec était *Penros-Kirec* (montres de 1481 : Soc. Em. des C.-du-N., 1852, p. 214 et suiv.). Le saint qui a donné son nom à cette localité est donc bien *Kirec*. Kirec se serait aussi appelé *Guevroc*, d'où on a conclu que c'était un doublet de *Kirec* ou plutôt *Guirec*. *Guevroc* ne peut être qu'un surnom ; *Guevroc* rappelle le gallois *gwevr* (*gwefr*), ambre. (Il y a un village de *Goevroc* en Plabennec.)

Guitwal : v. **Goal**.

Guivray (saint) en Croix-Helléan (Morb.)?

Guuiuuret (S[t]) : v. **Euffret**.

Guiziau (saint). Il y a à Taulé (Fin.) une fontaine de s[t] *Vizio* (régulièrement *sant* devant *Vizio* pour *Gwizio*). Les seigneurs de Ker-guiziau en Bohars (Fin.) fondèrent la chapelle aujourd'hui de *Loquilleau*; *Ker-guiziau* est aujourd'hui Loquilleau ; il est donc sûr que *Guidiau* = *Widiau*, et que

Loquilleau se prononce *Lokiyo* = *Loc-kŭydio*, *Loc-widiaw*. C'est le nom réel du patron de *Lan-divizian* (Fin.) : *Ti-viziau* = *To-widiaw* ; peut-être même *ti* est-il pour *ti* maison, et indique-t-il un endroit où a séjourné le saint ; c'est ce qui arrive fréquemment pour les saints irlandais. *Gwidiaw* a subi la mutation, quoique *ti* soit masculin, comme en gallois dans *Ty-Dduw*, *Ty-Ddewi*.

Saint-Vio en Treguennec est pour *Sant Vidio*.

Gurdelw : (*Gourdelw*) *Llan-Gurdeluu* dans le Cart. de Landév, 41.

GALLES : *Gwrddelw* a une église à Caerlleon-sur-Wysg. (Rees, *Essay*, 231).

Gurloes : (saint) : v. **Gourlai.**

Gurthiern (saint) (*Gourthiern*) : sanctus Gurthiernus, église à Groix (*Groic*) : cart. Quimperlé, 105, 181 ; cf. Clud *Gurthiern* (ibid.), 124, 125 ; *Loc-Gurthiern* en Groe (ibid., 303), auj. Saint-Goujarn.

Loc-gouziern en Hennebont, auj. Locoyarn. Locoyarn-le-Dorze, *Locohiarn*-le-verger en Caudan ; *Loc-gouziern* (auj. Locoyern) en Kervignac ; *Locouviern* (prôn. *Locouyern*) en Séglien, le tout dans le Morbihan. Il y a eu aussi une chapelle de saint Gurthiern à Doelan près Quimperlé (*Bull. C. D.*, 1906, p. 23).

Le nom de Gwrthiern = *Uuor-tegerno-s* est bien connu en Galles ; *Gwrtheyrn* (*Gwrthegern*), le roi qui aurait invité les Saxons à venir en Bretagne, a donné son nom, semble-t-il, à tout un district, d'après Nennius, *Gwartheyrnion* (Gwarthrynion aujourd'hui) en Radnorshire.

Gurvest (Gourvest) : *Plou-gourvest* (*Plou-ourvest*), dans le Finistère.

C'est le nom gallois *Gwrwest*, qui apparaît dans les généalogies sous la forme *Gwrgwest*, fille de Kenew. (*Archiv.*, III, p. 84).

Ce nom paraît différent de *Gwrwst* = Gurgust = *Vor-gwst*, irl. *Fergus*, en vieux-breton, *Uuorgost*, *Uurgost*. (J. Loth, *Chrest.*, p. 132).

Gravé (saint) : paroisse du Morbihan. Il est clair que *sancta Gravida* (1387), *sanctus Gravidus* (1516) ne donnent pas la véritable forme du nom de ce saint énigmatique non plus que s^tus^ Gravius (XIIe s.) ; saint Gravé en Trédion.

Gunehen : Locunehen en Quistinic (Morb.). *Gunehen* est un nom propre connu : il remonte à *Win-Wethen* en passant par *Guen-wethen, Guen-ehen* ; cf. *Guenhael* dans *Locunel*.

Gunel : v. **Guenhael.**

Gunelien : *Locunelien* en Quistinic (Morb.). En l'absence de toute forme ancienne, je serais tenté de supposer qu'il s'agit de *Guen-gourien* (*s^tus^ Guingurianus*) qui a dû donner *Guenourien* et par suite de la non accentuation de *our* : *Guenerien* puis *Guenelien* ; cf. *Teliaw* pour *Turiaw*.

Guyomard (saint) : paroisse du Morbihan, actuellement de langue française. Ce saint n'est connu que par son nom. La forme sincère serait *Guyõvarc'h* = *wiw-ho-march*. (J. Loth, *Chrest.*, 176).

Guyon (saint) en *Pluvigner* ; Saint-Quion en Quistinic (pour *Saint-Guyon*) ; *Loc-quion* en Gestel (Morb.) : c'est un dérivé de *Gwiw*.

Halory (saint) en Pordic ; probablement pour *Helory* = *Hael-uuori* ; Helori était le nom de famille de saint Yves de Tréguier.

Harant (saint) : chapelle en Plestin. (Inv. somm., 2533). Je supposerais un saint plus ou moins payen : v. **Taran.**

Harmoet : *Lan-Harmoet* et *Lan-Hermoet*, auj. paroisse de *La Harmoie* (*sic*), Côtes-du-Nord. La forme vieille-bretonne de ce nom est *Aer-moet* ou *Haer-moet* ; le nom propre *Hervouet* existe encore (J. Loth, *Chrest.*, à *aer*, *haer* et *moet*).

Harn : dans *Locarn* = *Loc-Harn* (Fin.) : *saint Hernin* en est le patron. Dans la même paroisse on a Les-Hern, écrit *Lezofran* ce qui est extraordinaire et peu vraisemblable, mais rend l'interprétation difficile ; on a aussi le village de *Clevetern* = *Cleved Hern*, le mal de *Saint-Hern* ? *Hoiarn* est devenu *harn* dans les dérivés et composés : *Harn-eden*, *Harn-guethen*, *Harscoet*, *Harnou*. (J. Loth, *Chrest.*, 213) ; cf. gallois *Harn-meini*, nom propre (B. Llandav., 33). Il y a aussi un *Lanhern* en Bannalec (Finist.).

CORNWALL : *Lan-hern* et *Lan-horn* : les deux formes *horn* et *harn* pour le fer existent en cornique. (*Ol. Mon.*,

141, en 1334). Dans une charte de 1307 du cart. de Redon, on trouve *Haiarn*; *Hoiarn*, seul, existe aussi ; (*Chrest.*, 139).

Harnel : *Plou-harnel* (Morb.). La seule forme ancienne dont il faille tenir compte pour ce nom de paroisse, c'est *Ploiarnel* 1387; la forme *Ploeznael* 1442 est absurde, Le nom ancien est ou *Hoiarn-mael* que l'on trouve déjà dans le cart. de Quimperlé sous la forme *Harnmael*, ou *Hoiarn-hael*; il est vrai, qu'à ma connaissance, *Hoiarn-hael* ne se trouve pas. Je dois dire que cette dernière forme expliquerait mieux Plouharnel. (*Chrest.*, 139, 213). En revanche *Hael-hoiarn* (*Helouarn*) existe

Il y a un *Ker-arnel* en Lannédern.

Harno : *Plou-harno* en Damgan. Pour Harnou, v. *Chrest.*, 213.

Harthoc : v. **Landrevarzec.**

Hebedan (saint) en Penvenan (*Inv. sommaire* n° 2851). La forme *Hebedan* a un aspect bien brittonique ; on trouve dans le cart. de Redon, au XIe s., Hebet et *Hebetan* pour *Hepet* et *Hepetan*. (*Chrest.*, 136). Il y a cependant quelque incertitude sur la meilleure lecture. *Tré-bedan* dans l'arrondissement de Dinan ferait penser à *To-petan* qui donnerait *Santebedan* : *santtebedan* qui a très bien pu être coupé en *sant Ebedan*. Si *h* est réellement prononcé, *Hebedan* est assuré.

Heboew : dans *Loquibou* en Tremargat (Fin.). Ce vieux nom de *Hep-woew* (qui évite ou se passe de la lance) qui a donné son nom à *Kemenet-Heboe* (Morb., v. *Chrest.*,) est aujourd'hui *Hiboe* en vannetais (écrit sottement *Hibois*). Le suffixe *-oe*, reste (en vannetais), ou se résout en *-e* (Coray, pron. *Corẹ* = Coroe) ou devient *-ow -ou*. Le *c* de *Loc* est dur à cause de *h* suivant.

Hegarec (saint) en Kerlouan, aujourd'hui saint Thegarec, mais en 1516 saint Egarec. *Tegarec* pourrait s'expliquer mais il est plus vraisemblable qu'on a affaire à un dérivé de *Hucar*, *Hocar* (*Chrest.*, 138). Il y a aussi un Saint-Egarec en Briec, (Soc. arch. Fin., 1903, p. 149).

Helary (saint) en Berrien (Fin.); le même nom que *Helori Hael-uuori*.

Heloury nom propre représente plutôt le vieux-breton *Hael-uuobri* (*Chrest.*, 134-135).

Helen : *Lan-helen* en Kergrist-Moelou (C.-du-N., *Inv. somm.* n° 2725), v. **Elen**.

Henven : chapelle Saint-Jean du *Henven* en Melrand (*Morb.*) ; on prononce *Hen-ẅen*.

GALLES : *Henwyn*, saint d'Enlli, fils de Gwyndaf, (*Archiv.*, II, p. 188).

Herbot (saint) ; un des saints les plus populaires de Basse-Bretagne. C'est, comme quelques autres, un saint national dont on ne sait rien de sûr. Il vécut à Berrien ; sa principale chapelle est à Plounevez-du-Faou.

Il y a des chapelles à son nom à Ploulec'h, Trevoux, Saint-Thonan, Cavan, Collorec, Plounevez-Quintin. Il y a des statues anciennes de ce saint dans vingt-quatre paroisses du Finistère. Quant à ses statues modernes, elles ne se comptent pas (Albert le Grand, *Vies des saints rééditée*, 663-664).

On n'a aucune forme ancienne de ce nom. Comme il est sûrement breton et qu'on ne saurait songer à *Herbald* (Herbaut) qui eût donné *Hervot*, il est très probable que c'est un nom vieux-breton *Haer-palt* : pour *palt*, cf. *Pauthouat* en 1348 = *Paltouat*. (*Chrest.*, 223).

Herlin (saint) en Ploumagoar (C.-du-N.) ; on a probablement affaire à *Hernin* ; cf. *Pluherlin*.

Hern : v. **Harn**.

Hernot (saint) en Crozon (*Bull. C. D. F.*, 1907, p. 89), pour *Hern-alt* ?

Hernan (saint) : auj. Saint-Ernan en Nostang (Morb.) ; en 1505 Saint-Hernan ; peut-être pour **Ternan**.

Hernec (saint) : en Priziac (Morbihan) ; en 1394 *Saint-Lenec* qui est évidemment faux ; en 1459 *Saint-Hernec* : ce serait un dérivé, comme Hernan. On peut supposer, en vieux-brittonique, non seulement une forme *Isarno-*, mais une forme *Isarnio-* ou même *Iserno-*, comme le prouve le nom de *Cat-ihernus* du temps de Clovis. Saint Hernec serait donc en réalité le même saint que *Hoarnec* : v. **Houarnec**.

Hernin (saint) : paroisse du Finistère ; sanctus Huerninus en 1468. *Plu-herlin* (Morb.), au IXe s. plebs *Hoiernin*. (*Chrest.*,

140); *Lesernin* en 1411, *Treff-leshernin* en 1436, *Lescharlins* devenu Saint-Germain ! en Séglien (Morb.).

GALLES : *Hernin* hameau en Llanegwad en Carmarthenshire.

Herpritt : *Lan Herpritt* a, je crois, disparu (cart. Landev. 15).

Hervé (saint) : dans les anc. Lit. s^te^ Hoiarn-biu qui a passé par *Hoarn-veo*, *Hoarveo* et *Harvé*. *Hervé* ne s'explique pas ainsi : il faut supposer *Haer-biu* ; dans le cart. de Quimperlé *Haer-veu*, devenu ensuite régulièrement *Her-veo* et Hervé. Il y a eu plusieurs saints confondus sous le nom de saint Hervé[1]. Il est honoré dans beaucoup de paroisses.

CORNWALL : *Lan-herweu* (prob. *Herveu*) terre tenue par l'évêque d'Exeter dans le Dom. Book.

Hervezen (saint) : chapelle en Lignol (Morb.); on prononce *Zanterŭen*. En 1414, c'est *Saint-Terguezen*, en 1418 *Saint-Arvezen*. La forme ancienne est *Haer-wethen* ou *T-aer-wethen* ou *Taer-wethen*. Il est possible que saint Herven de Plouay soit le même saint : v. ERVEN.

Hevri : *Loquevry* en Plouvorn = *Loc- Hobri* : *Hobri* est un nom vieux breton, composé de *ho* = *su* (bien) et *bri*, hauteur, dignité (*Chrest.*, 138, il se trouve comme second terme dans *Iarn-hobri*).

Hilidu (saint) : en Plouguin (Fin.)?

Hinguer (saint) : en *Loguivy-Plougras* (C.-du-N.) : v. INGAR.

Hirel (saint), en Collinée (C.-du-N.). Cf. en Galles : *Hirael*, village près Bangor, Carnarvonshire (Jones, *Cymru*, I, 636).

Hoettleian : *Lan-hoettleian*. (Cart. Landev. 14) en Brithiac; auj. *Lan-hoaillen* en Briec (= Brithiac), Finistère.

Hoiarnuc : v. **Houarnec**.

Houardon (saint) : en Landerneau. Dans les anc. Lit., on trouve *s^te^ Hoieardone*, *s^te^ Huardone*. Le brév., de Léon porte *s^ti^ Hoarzoni*, et le Pouillé de Léon (cart. Redon) mentionne le prieuré de s^to^ Houardeno (cf. Vie de saint Hervé, Soc. Em. C.-du-N., 1891, q. 264).

Si les formes *Hoarzon*, *Houarden* sont sincères, on pourrait supposer un vieux breton *Hoiarn-dōn* (gall. *dawn*, don, talent).

1. Albert le Grand, *Vies*, p. 244.

Les Saint-Houardon d'aujourd'hui seraient des formes refaites et littéraires. Le Cal. de Tréguier porte (19 nov.) : *Hoarzoni*.

Houarn : *Lan-houarn* en Erdeven (Morb.).

GALLES : *Llan-haiarn* et *Llan-aelhaiarn* (Carnarvonshire).

Houarné : *Lan-houarné* bihan en Plouider; Parc Sant Houarné en *Lan-houarneau*; *Lan-houarneau* se prononce *Lan-houarné* : la forme ancienne est donc *Houarneŵ*. Cette forme supposerait *Hoiarnovio-* : cf. Kerneo = *Cornovia*; mais il est possible que ce soit un doublet de *Houarvé*. On trouve dans les Lit. de Saint-Vougay : *Huarn-veue* = *Hoiarn-biu* : cf. *Hervé*.

Houarnec : Lan-houarnec en Saint-Pierre Quilbignon ; *Lan-hoiarnuc* dans le cart. de Landévennec, 68.

Houarno (saint) : *Saint-Ouarno* en Saint-Sever (C.-du-N.) ; *Saint-Houarno* en Langoelan (Morb.); on prononce à Langoelan : *Zant-Hoarnŏw* (*Zantwarnŏw*); par conséquent il s'agit bien ici du *Hoar*[*n*]*-gnoue* des *Anc Lit*. (J. Loth, *Revue Celt*., 1890, p. 144).

Houarvé (saint) en vieux-bret. *Hoiarn-biu*, cf. *Hervé*, *Houarné*, *Houarno*.

Hovec (saint) en Loudéac : cf. **Toffac** (saint).

Huncat : *Lan Huncat* (Cart. de Landev. 18, XIIe s).

Iarnet : *Lan-jarnet* en Maroué (C.-du-N. actuellement français), dérivé de *Jarn*. La forme ancienne exacte ne saurait être reconstituée avec certitude.

Ideuc : Saint-Ideuc (Ile-et-Vil.); *Sanctus-Ydocus* au XIVe s.; *Le Pont-Ideu* en Matignon (C.-du-N.) : v. Iudoc. Cependant, il est possible que *Ideuc* soit en réalité pour *Ideu* qui remonterait à *Ildut*; c'est une paroisse de langue française dès les XIe et XIIe siècle.

Idunet (saint) : v. **Ediunet**.

Ie : Plouyé (Fin.) : *Ploehie* en 1337; *Ploeye* 1468 (*Bull. C. D.*, 1906, Cart. *Coriz*).

CORNWALL : capella *s^te^* *Ye* et s^ti^ Tewynoci en 1410 ; Saint Hurygh frère de *sancta Ia* (fait sur *sancte Ie*) est patron de Chittlehampton en Devon (*Ol. Mon.*, 446). Cette chapelle de *s^te^* *Ye* est en s^t^ Yves.

Iel : pour *Iudel* = *Iud-hael* dans Saint-Diel, Saint-Niel :

v. *Diel* ; cf. *Ikel*, dans *Bod-ikel Ker-ikel* pour *Iedekel*, *Iudikael*. On trouve *Iuzel* en 1435 (*Chrest.*, 215).

Iestin : *Plestin* : Dans la vie de saint Efflamm, il est dit que Plestin tire son nom d'un saint moine du nom de *Iestin* (La Borderie, *Hist.*, I, 362) : = *Ploe-Iestin*. Le nom est *Iūstinus*.

GALLES : Llan-Jestin en Anglesey ; *Llan-Jestin* en Carnarvonshire (Rees, *Essay*, 232).

Iger (saint) ou **Igner** (saint) en Ménéac (C.-du-N.) ; zone de langue française.

Ignoroc (saint) : v. **Guignoroc**.

Iglur (saint) : cart. Landév., 22 : cf. *Illur*, île du golfe du Morbihan qui a formé paroisse et dépend aujourd'hui de l'Ile d'Arz. Il n'y a guère à tenir compte de la forme *Isleur* de 1537.

Ilan : *Saint-Ilan*, paroisse des environs de Saint-Brieuc.

GALLES : *Merthyr Ilan* (B. Llandav. 32) auj. *Eglwys Ilan* en Glamorgan : *Tref-Ilan* en Cardigan.

Iahan, **Ian** (saint), Saint-Jean : *Ploujean* (C.-du-N.).

Igeau : Saint-Gilles-Pligeau.

Peut-être le saint gallois *Ishaw* qui suppose *Isiaw*, martyr (écrit aussi *Issui*, ce qui est manifestement absurde); conservé dans les noms défigurés de *Partricio* ou Partrishaw en Llanbedr, Brecknockshire; fête le 30 octobre (Rees, *Essay*, 308) : v. APPENDICE.

Igner (saint) : prieuré dans l'archidiaconé de Porhoet, ancien évêché de Saint-Malo (cart. Redon, 480) : = *Iuniaro-* ou *Iunario-*.

Ilar (saint) : Lann *Sand-elar* en Theix (Morb.); l'accentuation du haut-vannet. sur la dernière voyelle explique le changement de *ī* en *e* (*ŏ* bref). La prononciation *d* de *sand* montre que le nom du saint commence par une voyelle.

GALLES : *Llan-Ilar* en Cardigan. (*Arch. C.*, 1897, p. 294).

Cf. CORNWALL : paroisse d'Hilary, écrit aussi Eccelsia *Sancti Ilari*.

Ilec, mieux **Illec** : *Saint-Dilecq* en Bay près Quimperlé. Il faut évidemment couper : *sand Illec*.

GALLES : saint Illog honoré à Hirnant, Montgomeryshire (Rees, *Essay*, 308) : fête le 8 août. Il y a en Cornwall un *Saint-Illogan*.

Ildut (saint) : Aber-Ildut, paroisse du Finistère; *Loc-Ildut* en Sizun; *Ploerdut* (Morb.); dans la même paroisse *Sant-Illut*, qu'on prononce *Zand-Illut* ou *Zand-ulut* : en 1449 *Sant-Yllud* (en 1477 *Saint-Dulut*) ; *Saint-Illut* en Pabu (Fin.).

GALLES : *Llan-Illtud Fawr* (*Llantwit major*) en Glamorgan; chapelles qui lui sont dédiées à Llanilltyd Faerdre, Lantwit en Glamorgan; capel Illtyd en Brecknockshire; *Llanelltyd* en Monmouthshire. Illtut est considéré comme le fondateur de Penbre en Carmarthenshire, Ilston et Newcastle, Llantrisaint en Glamorgan. Il serait encore le patron de Llanhary, Llantryddid en Glamorgan; Llanhileth en Monmouthshire; Llantwyd en Pembrokeshire (Rees, *Essay*, 179-180).

Ilian (saint), **Ilien** (saint) : *Sant Ilian braz* en Kermoroc'h, (C.-du-N.); *Lan-illien* en Crozon (Fin.). Il y a un témoin du nom d'Ilian (et *Hilian*) dans une charte de 837 (Cart. Red., p. 136).

GALLES : Sant Ilien (B. Llandav, 243) : V. APPENDICE.

Ily (saint) en Baud (Morb.).

CORNWALL : *Porth-illy*, partie de la paroisse de Mevagissey où est située l'église.

Ingar, **Inger** (saint) : *Saint-Hinguer* en Loguivy-Plougras; *Lan-inguer* en Saint-Pierre Quilbignon; mais *Crech Ingar* en Treflaouenan.

Ingar, dont *Inger* n'est qu'une variante par suite d'atonie, est pour *Iuncar* : cf. *Iscat* en *Lan-iscat* pour *Iedcat* = *Iud-cat*.

Ingat : v. **Iuncat**.

Inifer (saint) en Plouay (Morb.). J'ai essayé en vain de me renseigner sur la prononciation du nom de ce saint qui paraît oublié.

Inouen (saint) en Pleine-Haute (C.-du-N.). Pour le nom, cf. *Ker-inaouen* en Gouesnou. La forme plus ancienne est *Ennoguen*.

Iouen (saint) : forme bretonne la plus répandue du nom de saint Yves, en dehors du vannetais où on dit *Iwân*. Il est sûr que sous ce nom on a confondu une demi-douzaine de saints.

En Cornwall, il y a une paroisse de Saint-Yves.

Iozen pour *Eozen* = *Eudon* : *saint Yozen* en Plounevezel, confondu avec saint Yves.

Isnonan (saint) en Plouvara (C.-du-N.)?

Irec (saint) en Arzano (Fin.). On paraît peu fixé sur la prononciation de ce nom. Le Bull. C. D., 1902, p. 115, donne Saint-Irek, *Dureg* ou *Dilec* et conclut bravement que c'est *Saint-Guevroc* ! Cf. **Ilec.**

Iudcar (saint) : *Lan-iscar* en Trévoux (Fin.), cf. *Saint-Ducar* en Plescop (Morb.); pour *ü*, cf. *Lanuon* =*Lann-iuzon*; pour *c*, cf. *Ker-icant*, en 1447 *Ker-iezcant* en Grandchamp (*Chrest.*, 142).

Iudcat (saint) : *Lan-iscat* (C.-du-N.) ; en 1246 *Lan-iuthgat* lu *Lanuithgat* (*Anc. Ev.*, VI, p. 178); au XVIe s. *Lann-izgat*, (*Chrest.*, 215); *Plouescât*, autrefois *Ploezcat*. *Saint-Dugast* en Plumelec (par. du Morb. récemment de langue française) est probablement pour *Saint-Ugat* = *Iudcat* ; cf. *Ducar* à *Iudcar*. En 1542 la forme est *Saint-Ugat* : il est cependant fort possible que la forme primitive soit *Tut-cat*.

L'hypothèse de *Iudcat* est confirmée néanmoins par *Lann-urgat* en Lothey (Fin.), pour *Lan-udcat*, vraisemblablement.

Iudicael (saint) : Saint-Gicquel en Campénéac, Trinité-Porhoet (Morb. de langue française).

Iudmael (saint) : septième évêque de Dol, d'après Albert le Grand. *Lan-eusfell* en Cleder (Fin.) : pour *s* cf. *Croas-uzval* : v. *Iudwal*.

Iudoc (saint) : *Saint-Judoc*, paroisse de l'ancien évêché de Dol. Sous ce nom le saint le plus connu est le saint du VIIe s. qui a donné son nom à Saint-Josse-sous-Bois, auj. abbaye de Dom-Martin, à Saint-Josse-sur-mer, près Montreuil, en Picardie. Il est patron d'Yvias (C.-du-N.) ; Saint-Ideu ? (Ille-et-Vil.) est difficilement explicable : v. Ideu. En Plougras (C.-du-N.), il y a un *Lohuzec* qu'on a donné aussi sous la forme Loc Iudet (Tresvaux, I). En Lohuec, il y a un Parc Saint-Judec ; le nom est refait et semi-littéraire. Il y a un curieux menhir de s^t Uzec (s^t Duzec) en Pleumeur-Bodou, à côté d'une chapelle de ce nom (Soc. Em. C.-du-N., 1905, p. 10).

Iudon (saint) : Lannion (C.-du-N.), en breton *Lannüon* ; *Lannion* en Gourin (Morb.), était *Lan-iuzon* dans le Cart. de

Quimperlé (251-252); *Lann-uzon* en Scrignac (Fin.); *Locuon* en Ploerdut, en Gestel.

GALLES : Le nom de Iudon, *Idon*, est bien connu en Galles. *Iuddon* est un contemporain de saint Teliaw (Rees, 234). Pour *Iud* et ses dérivés et composés, v. *Chrest.*, 142, 215.

Iudwal (saint) : Dans les litanies de saint Vougay, on a s[te] Ieaguale qui doit être lu *s[te] Iedguale* : *Croaz-usval* en Plouneour-Trez. Il me paraît probable que le s[te] Iuthware (Translatio *s[te] Juthevare*) de Shireburn (Devon) est *saint Iuth-wal*, à moins que la terminaison en *-e* ne soit pas latine : *Iud-ware* est très possible (*Ol. Mon.*, 38).

Iuguelli (sancti) prioratus (*Anc. Év.*), probablement pour *Iugual* = *Iudwal*, cf. *Tugual* = *Tutwal*.

Iunan (saint) : Saint-Aignan (Morb.).

On prononce *Zant-Inãn*, forme qui atteste la sincérité de la lecture ecclesia *Sancti Iunani* en 1184 (*Chrest.*, 215); *Saint-Zunan* en Riantec (Morb.) : 1445 *s[t] Jugnan*, 1473 *s[t] Junan*.

La prononciation *šunan*, *žunan* a été amenée par la construction avec *sant* et la palatalisation de la dentale finale : de *sant-iunan* on est arrivé à *sanšunan* et même *sanjunan* ; *Saint-Unan* et *Chunan* en l'île de Batz (Fin.). La forme avec *n* mouillé s'explique par l'influence de *I* : cf. *Lan-ugn* = *Lan-Iunen*.

Saint-Junãn en Plounevez-Moedec a été transformé en Saint-Jeune, cf. *Ker-yunan* en Plougonvelin.

Iuncat : *Lan-Iuncat* (Cart. Landév. 2).

GALLES : *Llan-ingad* en Monmouthshire (Rees, *Essay*, 140) : *Ingad* pour un plus ancien *Iuncat* a été confondu avec *Dingad* d'où *Dingatstowe* aujourd'hui pour Llan-ingad.

Iunen : *Lan-Iunen* (cart. Coris, 1249), (*Chrest.*, 216) en Beuzec; auj. *Lanugn*.

Iunet (saint) : ainsi doit s'écrire probablement *Saint-Junay* en Plounerin ; *Saint-Unet* en Laurenan (C.-du-N.).

Iunguorett : *Loc-Iunguorett* (Cart. Landev. 19).

Iuniaw (saint) : *Plouigneau*, anc. évêché de Tréguier : in parocchia quæ *Iunau* vocatur (La Borderie. *Les trois vies anc. de saint Tutwal*, p. 44); *Bod-igneau* en Clohars-Fouesnant (*Bull. C. D.*, 1906, p. 70). *Sant-Ignaw̃*, comme on prononce dans le pays, a été changé en *Saint-Ignace*, en Saint-Aignan (*Sant-Inan*), Morbihan. *Saint-Uniac* (C.-du-N.) doit être pour *Saint-Iuniaw* comme *Suliac* pour *Sulia* = *Suliaw*.

Les formes *s*[tus] *Therniacus* (1513) [cti] *Therniani*, XIVe s., sont fausses (*Anc. Év.*, VI, 306).

Iunioc : *Saint-Ygneuc* (C.-du-N.).

Iustan : v. **Plestan**.

Iuzel : *Lann-uzel* en Dirinon : v. **Iel**.

Iustoc (saint) : apparaît dans la fabuleuse liste des évêques de Vannes.

Il n'est pas impossible que ce soit une mauvaise graphie pour *Iustic* (et *Ustic*), saint honoré en Galles.

Ivy (saint) : paroisse, ancienne trêve d'Elliant ; *Saint-Ivyt* (Ivy) en Plélauff (C.-du-N.) ; *Loguivy-Plougras*, *Loguivy-les-Lannion* ; *Loguivy* en Ploubazlanec, Tonquedec, Plouaret (C.-du-N.) ; en *Plouguerneau* (Fin.). Ce saint a donné son nom à Pontivy (pron. *Pond-ivi*), à *Saint-Yvi* en Moréac (Morb.).

Il y a encore une chapelle de saint Ivy au Bourg-Blanc (Soc. arch., Fin., 1903, p. 197).

Ivinec (saint) : en Huelgoat (Fin.) ; à côté de Saint-Guinec : v. *Guinoux*. Si *Ivinec* (Yvinec) était sincère, on pourrait songer à *To-wīnoc*.

Ivinet (saint) en Guiscriff (Morbihan) ?

Ivonnec (saint) en Plésidy : dérivé de *Ivon* ?

Izy : *Plouizy* ancien diocèse de Tréguier.

CORNWALL : *Saint-Issey* : *ei* peut représenter *ī*.

Izaouen (saint) en Meslan (Morb.) ; *Izaouen* est un nom connu.

Jagu, **Jacut** (saint) : Saint-Jagu en Plestin-les-Grèves ; Saint-Jagut en Loperhet (Fin.).

En zone bretonnante, c'est *Jagu* ou *Jegu* = *Iacōb*. Une inscription chrétienne des X-XIe s. de la presqu'île du Plec (Morbihan) porte *Iagu*. La chapelle d'Ellestrec en Folgoat lui est dédiée (Soc. arch. Fin., 1905, p. 187).

En zone française, le saint est *Jacut* : Saint-Jacut-du-mené saint-Jacut-de-la-mer (C.-du-N.) ; Saint-Jacut (Morb.), etc.

La terminaison rappelle une des formes du nom de Saint-

Malo : *Machut*, mais en est différente : *Machut* a donné *Mahou* dans la zone malouine.

Jaoua (saint) : honoré au Faou, à Plouvien (Fin.). Dans la tradition populaire, il aurait été recteur de Braspartz (*Brath-perth*, buisson piquant) : cf. Le Braz, *Ann. de Bret.*, VIII, p. 283. C'est un évêque de Léon qu'on identifie avec le *Iahoc-vius* de la vie de Paul de Léon. *Iahocw* a pu donner, en effet, *Iahoę* et *Iaoa*. Il a été confondu avec le saint suivant. C'est ainsi que le tombeau qui est dit de saint Jaoua à Plouvien porte *s^t Joevin* (Albert-le-Grand, *Vies*, p. 57).

Jaouen (saint) : représente le nom romain *Iovinus* : cf. *Iouan*. Calendrier de Tréguier : *Joevini* ep. et conf. 2 mars.

Jarnet : *Lan-jarnet*, en Maroué (C.-du-N. de langue française), dérive de *Iarn*.

Jouan (saint) : Saint-Jouan en Guillers (Morb.) ; Saint-Jouan de l'Isle ; Saint-Jouan des Guérets ; Saint-Jouan de Cancale (Ille-et-Vil.). Ce nom représente le vieux-bret. *Iouuan* (*Chrest.*, 142).

C'est le gallois *Ieuan*.

Jud : Saint-Jude en Pedernec, Boqueho (C.-du-N.), Pleumeur (Morb.).

Ce nom rappelle le *sancte Iuti* des Anc. Lit.. Albert-le-Grand mentionne un *saint Iud* ou *Iudveus* qui aurait été abbé de Landevennec. Suivant Dom Lobineau (*Vies, saints inconnus*), il serait le 4e et rappellerait Iudulus. Saint Iudulus et Tadec apparaissent dans la vie de saint Jaoua.

Jugon (saint) : en La Gacilly (Morb.) ; donne son nom à Jugon (C.-du-N.) : vieux-breton *Iud-con*.

Just (saint) : paroisse d'Ille-et-Vil. ; Saint-Just en Pleuc, Langourlay (C.-du-N.) ; en Bignan (Morb.).

Cornwall : Saint-Just en Penwith.

Galles : avec Cadfan, élève l'église de Llanwrin en Montgomeryshire (Jones, *Cymru*, II, 557) ; cf. Rees, *Essay*, 224).

Juvat (saint) ? ancien diocèse de Saint-Malo.

Lababan : v. **Paban**.

Lam pour **Lan** devant les mots commençant par *P-* ; *Lann* indique dans les pays brittoniques un lieu consacré, *monastère* plus spécialement, *église, sanctuaire*. En vieux-celtique *lannā* parait avoir indiqué une espace circonscrit et plan : vieux gall. *itlann*, area ; v. bret. *laniou* gl. *idrulis* ; *Lanna Pauli*, *Lampaul* est traduit dans la vie de Paul Aurélien par *monasterium Pauli*.

Quand le nom composé avec *lann* est ancien et qu'il représente une *trêve* (*trev*), une chapelle de village, on peut être sûr que le nom suivant est un nom de saint dans le très grand nombre des cas. La comparaison avec les noms de lieux bretons, corniques ou gallois est un autre élément sérieux de conviction. Pour les autres noms avec *Lan* comme premier terme, il faut être circonspect ; il se peut que *lan* signifie *lande*, *ajoncs*. Je donne ici un bon nombre de *Lan-* dont le sens est loin d'être assuré : ils m'ont paru intéressants au moins au point de vue linguistique.

Lambader en Plouvorn = *Lan Pater*.

Lam-bel en Tregunc (Fin.) ; Camors (Morb.).

Lam-bezegan en Languidic (Morb.).

Lam-bezellec : v. **Petheloc**.

Lam-bezen en Crozon : cf. le saint gallois *Peithien* (Rees, *Essay*, 231).

Lam-boban : en Cleden-Cap-Sizun : cf. *Lababan*.

Lam-paul : Lampaul ; Lampaul-Plouarzel ; Lampaul-Guimiliau ; Lampaul-Ploudalmézeau ; *Mespaul* ; Saint-Pol-de-Léon (en breton Castel-Paol) : *Paule* (C.-du-N.) ; *Liorz-Lampaul* en Landivisiau. Il y a des Lampaul en Kerlouan, Plougar, à Ouessant, Batz.

Cornwall : Paroisse de *Paul* comme dans notre Cornouailles.

Lamperon (village) en Scrignac : v. *Peron*.

Lampridic : lieu ou fut bâtie l'église de saint Gildas des Bois Loire-Inf. (acte du XIIIe s. : cf. Quilgars, *Dict. top.* du départ. de la Loire-Inf.).

Lan-alet : monastère de Saint-Malo : Alet est le nom gallo-romain de Saint-Servan. Ce qui est curieux c'est que ce nom se retrouve en Cornwall et en Galles : *Alet* en Kenwyn ; *Alet*, district de Galles : rivière d'*Alet* en Denbigh.

Lanaouen : en Clohars-Fouesnant : v. **Aouen**.

Lan-avan : en Mahalon : v. **Avan**.

Je dois dire que dans plusieurs paroisses du Léon et de la zone du Bas-Cornouaillais, il y a des noms de lieu *avan* (*aön*) et *avon* dans le sens de rivière.

Lan-badern : v. **Patern**.

Lan-bern : v. **Pern**.

Lan-coett : v. **Langoat**.

Lan-cun (c. Landévennec 10) et **Tref-cun** : cf. saint Petroc de Tregon (C.-du-N.).

CORNWALL : *Tregon* dans le Dom. Book, auj. *Tregony*.

Lan-donneau : en Scrignac.

Landaule (*Lann-dǫl*), paroisse du Morb. Ce nom rappelle *Dol*, gall. *dol*, meadow. Le *d* initial après un mot féminin se terminant aujourd'hui par *n*- ne subit pas de mutation.

Landebant : en Plougonver.

Landebec : en Fouesnant.

Lan-debia : v. **Tebia**.

Landebaeron : v. **Petron**.

Landeboher : en Plouzévédé.

Lan-dedeo : v. **Tedeo**.

Lan-dedui : en Mahalon.

Landehan : ancien évêché de Dol.

Lan-deleau : v. **Teliaw**.

Lan-derrien : v. **Derrien, Terrien**.

Lan-derneau : v. **Terneau, Ternec**.

Lan-devadé : en Saint-Nic.

Landevennec : v. **Guenolé**.

Lan-dezeoc : v. **Tezeoc, Seoc, Sew**.

Lan-dinan : en Plourivo : *Dinan* est connu en Cornwall et en Galles.

Lan-divijen, chapelle en Edern (*Époques préh.*, p. 237).

Lan-donan en Lanmeur : v. **Donan**.

Lan-donoy : en Ploumoguer : v. **Doni**, et **Tonoy**.

Landoual : anc. évêché de Dol.

Landouété : en Goulven.

Lan-douzec : en Plounez : v. **Touezec, Goueznou**.

Lan-douzan : v. **Touzan**.

Landrellec : en Pleumeur-Bodou.

Lan-drefmael (Cart. Landév., 18) : *Landremel* en Gouezec : de *trev* et *mael* : v. **Mael**.

Lan-dreger : Tréguier : monastère de *Treger* = *Trecorio-s*, également pagus de Cornwall, écrit aujourd'hui *Trigger*.

Landremel ; v. *Landrefmael*.

Lan-drevarzec : *Lan tref Harthuc* (C. Landev., 13). La prononciation *-drev-*, prouve que le nom d'homme qui suit est *arthoc* et non *Harthoc* : cf. :

GALLES : Capel *Arthog*, en Llangelynin, Merionethshire (Jones, *Cymru*, II, 658).

Lan-drevezen : en Dirinon.

Lan-drevrezec : en Lennon Plounevezel.

Lan-dunvez : v. **Tunvez**.

Lan-dudal : v. **Tutwal**.

Lan-dudec : v. **Tudec**.

Lan-duder : v. **Tuder**.

Lann-ebert : paroisse des C.-du-N. : on prononce *Lãnöbọ̈r*, l'accent principal est sur la finale : v. **Eber**.

Lann-ebeur : en Plouguerneau : v. **Eber**.

Lanneanou : v. **Leanou**.

Lanedan : en Saint-Servais (C.-du-N.).

Lanegant : en Lanrivain.

Lanneguel : en Plougastel-Daoulas.

Lannehuen : en Briec.

Laneizant et **Ker-neizant** en Plouneour-Lanvern : v. **Neizant**.

Lannelec : en *Guidel*.

Lannenever : v. **Enever**.

Lanenoret : v. *Eloret*, *Enoret*, *Iunguorett*.

Lanerec : en Plouneour-Ménez pour *Lan-wërec* : *Wëroc*.

Lan-ergat : en Poullan : v. **Ergat**.

Lannervel : en Rumengol : v. **Ervel**.

Laneuffret : voir **Euffret**.

Laneufel : en Sibiril.

Laneunvel : probablement le même nom : pour *Lan-veuvel* (avec *ö* nasal) = *-vũvel* = *Bud-mael* : v. *Budmail*.

Lanneurec : en Dineault.

Lannevain : graphie française pour *Lann-even?*

Lannezegan : en Languidic.
Lanfains : paroisse des C.-du-N. : cf. *Feins*, Fines ?
Lan-fian : en Tremeoc.
Langan : anc. évêché de Dol.
GALLES : *Llangan* en Carmarthenshire.
Lan-gat : en Arradon : cf. *Cat-lan* auj. Calan (Morb.); *nant Catlan* (B. Llandav., 24).
Lan-gazen : v. **Cazen**.
Lan-gereguin : v. **Serecin** (saint).
Langlerein : en Ploeren.
Langoat, Langoet : il y en a un certain nombre : *monastère du bois*.
Coet-lan est bien traduit par *monasterium nemoris*.
Lan-gogan : en Camlez : v. **Cogan**.
Langolen : v. **Collen**.
Lan-gonery : en Plourin : v. **Gonery**.
Lan-gongar : en Plouzané : v. **Congar**.
Lan-goniant : en Plouedern.
Lan-gor : le monastère de la *cor* ou congrégation, ou la *cor* du monastère.
Lan-goulouarn : en Saint-Pierre-Quilbignon.
Langourla (C.-du-N.) par., et *Langourla* en Saint-Vran.
Cf. *Ros-corla* en Cornwall, en Saint-Austel.
Langourlay : en Saint-Donan.
Lan-gourian : en Erquy.
Lan-gouron : en Ploudaniel : on attendrait *Lan-ouron*.
Dans Langouron en Caulnes (zone française), l'orthographe n'a pas suivi la prononciation : v. **Gouron**.
Langralomer : en Theix; paraît signifier le *monastère de Crallo* le Grand; mais il faudrait être fixé sur la prononciation.
Cf. GALLES : *Llan-grallo* en Glamorgan, monastère de saint Crallo (Rees, *Essay*, 222).
Lan-grevan : v. **Crevan**.
Lan-groadés : en Plouvien.
Lan-Groas : en Plounevez-du-Faou : monastère de la Croix : Roz *Sant-Langroas* en Poullaouen; *Langroas* en Cleden-Cap-Sizun : statue de Jésus-Christ au milieu des bourreaux (Bull. C. D. 1901, p. 117). La *Vraie-Croix* près Elven, s'appelle en breton *Lan-Groes*.

Lan-grolay : par. des C.-du-N.

Lan-guedias : paroisse d'Ille-et-Vil., de langue française; je ne connais pas de forme ancienne de ce nom curieux.

Lan-guellec : en Saint-Ygeaux.

Lan-guien, Languyan : v. **Cian.**

Lan-Guiouas, Lan-guiouez : v. **Kiouez.**

Lan-guivoa : en Ploneour-Lanuern : v. **Kiwa.**

Lan-gunot : en Plourin.

Languoc : v. **Cuoc.**

Lan-halla : en Plouarzel : v. **Alla.**

Lan-hel : en Glomel : cf. Cornwall : *Eglos-Heyl* ou *Hale* (*Hel*).

Lan-hern . v. **Hern, Harn.**

Lan-hillieux : en Saint-Vran.

Lan-hoaillen : v. **Hoetlleian.**

Lan-houarneau : v. **Houarneau**

Lan-houarnec : v. **Houarnec.**

Lan-huron : en Gouesnac'h.

Lannien : chapelle disparue en Edern (Bull. C. D., 1905, p. 149).

Laniezou et **Lanyeo** : en Ploujean.

Lanniguez : en Ploudaniel.

Lannilis, par. ; **Lannilis Leac'h** en *Bod-ilis.*

Lanniouarn : en *Plouarzel.*

Laningar : v. **Ingar.**

Lanninoc'h : en Briec.

Laninon : en Saint-Pierre-Quilbignon : v. **Ninon.**

Laninor : en Taulé.

Laniscar : v. **Iudcar.**

Lan-isel : en Guidel : s'il ne s'agit pas d'une lande, cf. *Saint-Issel* en Pembrokeshire.

Lan-jur : en Ergué-Gabéric.

Lan-laya : en Plouegat-Guerran.

Lan-lauron : en Plourin : v. **Lauron.**

Lan-livry : en Plouec.

Cf. : *Lan-lyveri* ou *Lan-Livery* (*e* est irrationnel) en Cornwall (Oliv., *Mon.*, XIII s.).

Lan-louc'h : en Landunvez : c'est un lieu sacré; c'est le monastère de l'étang. Je soupçonne *Lanloup* (C.-du-N.) d'avoir la même origine, quoiqu'on en ait fait (naturellement) *capella S^{ti}-Lupi* (*An. Ev.* 14, 107) : cf. GALLES : *Llan-lwch* en Carmarthenshire.

Lan-meur, paroisse; *Lan-veur* en Languedias, Pleumeur, etc. Il y en a aussi en Galles plusieurs *Llan-fawr*.

Lannogat : en Pouldergat.

Lannon : en Bannalec : v. **Nonn**.

Lannorgant : en Plouvorn.

Lanorgar (écrit avec un *d* final) : en Trévoux : v. **Norgar** et **Gorgar**.

Lanorven : en Plabennec : pour *Lan-vorven*, cf. *s*[ta] *Morwenna* : en Cornwall.

Lannouan : en Landevant. Cf. *Lannoan* en Cleden-Cap-Sizun.

Lanouennec : en Plouguer.

Lanourec : en Goulien.

Lannourien : en Plourivo, pour *Lan-gourien*.

Lanouris : en Plovan.

Lanouzel : en Plougastel-Daoulas.

Lanouzien : v. **Goezian**.

Lanover : v. **Movor**.

Lan Preden (Cart. Landév. 19) : nom curieux mais il n'y en a plus trace. Cf. Galles *Prydain* et *Prydyn*.

Lanredo : en Guidel.

Lan-relas (C.-du-N. : *zone française*) ?

Lanrial : v. **Rial**.

Lan-riec : v. **Riec**.

Lan-rien : v. **Rien**.

Lan-rin : v. **Rin**.

Lan-rinou : v. **Rinou**.

Lan-riou : v. **Riou**.

Lan-rioul : v. **Riour**.

Lan-rivain : v. **Riwen**.

Lan-rivan : en Plouguerneau : v. **Rivan**.

Lan-rivenant : en Plouguin : la prononciation aurait besoin d'être vérifiée, ainsi que la situation et les formes anciennes, s'il en reste.

Lan-rivault : en Saint-Connec : v. **Riwalt**.

Lan-rivoare : v. **Riuuore**.

Lan-rodec : paroisse.

Cf. *Lan-Rodel*? en Ploubalay (C.-du-N. ; zone franç., etc.). Il n'est pas sûr que *Rodec* soit un nom d'homme.

Lan-ruc : en Ploudaniel (Fin.). Ce mot signifie, s'il est ancien, le *monastère de la bruyère*. Il est curieux en ce sens que c'est la forme gallo-romaine *brug* qui désigne la bruyère en Bretagne, tandis que la forme brittonique est *gruc*. De plus il y a une paroisse de *Llan-rug* dans le Carnarvonshire.

Lan-salot : en Saint-Pol-de-Léon : le *t* se prononce-t-il ? : v. **Salot**.

Lan-selin (écrit *Lancelin*) : en Lesneven : v. **Selin**.

Lan-serf : v. **Serw**.

Lan-solet (Parc) : en *Plougasnou* : v. **Solet**.

Lan-solot : en Saint-Derrien.

Lantic : paroisse des C.-du-N. : en 1266 (*Anc. Év.*, IV, 173) *Lannitic*,

Lan-tiern : v. **Tiern**.

Lanton : creiz (milieu), Lanton *izella* (le plus bas), Lanton *huella* (le plus haut) : village de Hanvec (Fin.) ; probablement pour *Lan-anton* : *Anton* est un nom bien brittonique, (*Chrest.*, 109).

Lanurgat : v. **Iudcat**.

Lann-urien : v. **Urien**.

Lannuven : en Plounevez-du-Faou : la prononciation serait à vérifier : probablement pour *Iuđ-wen*.

Lannuzel : v. **Iudhael**.

Lannuzon : en Scrignac : v. **Iudon**.

Lan-uzouarn : en Plouenan : Lan *Iuzouarn* (*Iuđhoiarn*) ; c'est le nom d'une famille noble (de Courcy, *Nob.*).

Lan-vagen : en Crozon : v. **Majan**.

Lan-vaon : en Plouguerneau : *Maon* peut être un nom propre dérivé de *mag-*, grand, ou le pluriel gallois bien connu *maon* = *mag-on-es*, les grands.

Lan-vedic : en Surzur (Morb.) ; **Lan-vidic** : en Saint-Segal (Fin.)

Lan-vegan : en Merléac (C.-du-N.) pour **Lan-guegan** ?

Lan-velar : v. **Melar.**

Lan-vennec : v. **Guennec.**

Lan-venegen : paroisse de Cornouailles, aujourd'hui du Morbihan. On prononce *Lanîjen*, ce qui fait supposer que *Lan-venegen* est une mauvaise graphie. *Lan-ijen* répond à *Lanishan* de Glamorgan qui devrait être écrit *Lan-nisien* : le B. Llandav donne ecclesia S[ti]-Nisien (31. 90). Si *Lan-venegen* est sincère, on peut voir dans le second terme : *Finit-gen.*

Lan-venou en Quimerc'h : v. **Gueno.**

Lan-veoc : v. **Maeoc.**

Lan-verher : en Plabennec : si c'est un nom ancien, on peut comparer Saint-Gueryr en Cornwall.

Lan-vern : il y a plusieurs *Lan-vern*[1] en Bretagne et en Galles : *gwern* signifie *aulnes* et aussi endroit marécageux. Mais ici le second terme peut être *Bern* : v. **Bern.**

Lan-veroc : en Saint-Pol-de-Léon : il est difficile de rien dire en l'absence de tout renseignement : *veroc* peut être pour *Gueroc* = *vĭrăco-s*, nom du fondateur de l'État breton de Vannes.

Lan-veron : en Saint-Evarzec : v. **Meron.**

Lan-verrien : en Poullaouen : rappelle **Berrien.**

Lan-vers : v. **Berth.**

Lan-verzet : en Laz (Fin.)?

Lan-veurzet : en Groix.

Lan-vidic : cf. **Lan-vedic**

Lan-vily : en Argol (Fin.) : v. **Bily.**

Lan-viliau : en Plomodiern : v. **Meliau.**

Lan-viniger : en Tregunc : pour *Finitger* (*Chrest.* 130)?

Lan-visias : en Pleyber-Christ (Fin.)?

Lan-voe : v. **Moe.**

Lan-voezec : en Pouldergat : v. **Gouezec**?

Lan-von : en Guengat ; intéressant, si le nom est ancien.

Lan-voran : v. **Moran.**

Lan-voroc'h : en Berric (Morb.) : cf. *Ker-moroc'h* paroisse des C.-du-N. *Moroc'h* est un nom d'homme assez répandu (cochon de mer, dauphin).

1. Sans parler de Plouneour-Lanvern, il y a un Lan-vern en Languidic (Morb.), un autre en Briec (Fin.).

Lan-vréon : en Peumerit-Cap.

Lan-vrizan : en Plougastel-Daoulas.

Lan-zannec : v. **Sannec.**

Lan-zay : en Quéménéven (Fin.).

Lan-zent : v. **Sent.**

Larean : en Berric (Morb.) = *Lan-rean* ?

Larevilien : en Plourivo (C.-du-N.).

Larret (Fin.) : **Lan-ret.**

Larriegat : v. **Riagat.**

Larouanton : v. **Rouanton.**

Launeuc (saint) : paroisse de l'ancien évêché de Dol : on le fait remonter à *Leonocus.* Il me paraît plus probable que *Launeuc* est pour *Lawenoc* : de *Saint-Leveneuc*, famille noble de cette région (Tresvaux, *Vies*, I).

Lauron : *Lan-lauron* ancien diocèse de Treguer, auj. Saint-Laurent (Pouillé, *Cart. Red.*, 559). Ce saint a été, à tort évidemment, confondu avec Saint-Laurent, également en Landeleau : *Penitty* Saint-Laurent. Les montres de 1481 donnent *Lan-laurans* (Soc. arch., 1852, p. 246). Longnon (Pouillé, p. 344, 349) donne à la fin du XIVe s. *Lan-lourens*, et en 1461 *Lan-louran.* Il y un *La-louron* bras en Plourin (Cadastre).

> CORNWALL : le Domesday Book à un *Lan-laron* qui vraisemblablement doit représenter *Lan-lauron*; il a été, par étymologie populaire, transformé en *Lansladron* ou *Nansladron*, le vallon ou ruisseau aux voleurs. Ce lieu est en Saint-Ewe, d'après Norden, *Spec.*

Laureuc (saint) : en la Forêt (Fin.) : rappelle le premier saint gallois, d'après la légende, *Lleurwg* = *Lourüc-*.

Lavan (saint) : chapelle en Plounevez-Moedec (Inv. somm., 2703) : v. **Levan.**

Laya : **Lan-Laya** en Plouegat-Guerrand (C.-du-N.)?

Lec'h : en *Plou-lec'h* : *lec'h* signifie *pierre plate*, mais il est possible que Ploulech soit pour *Plou-oulec'h* = *Plou-goulec'h* : cf. *Tref wlech*, paroisse du Carmarthenshire. Il est vrai qu'il y a en *Bod-ilis* (Fin.) un *Lannilis Leac'h* curieux.

Lean : dans *Lan-lean* en Plomodiern.

> GALLES : saint *Lleian's* et *Llan-ieian* en Llanarthneu, Carnarvonshire (Rhys, *Celt. Folklore*, 380; Rees, *Essay*, 147-148).

Leanou : **Lan-neanou** pour **Lan-leanou** (Fin.) qui est la forme ancienne.

GALLES : *Llan-leianau* en Mon (Jones, *Cymru*, I, 91).

Lean (saint) : en Plumieux (C.-du-N.) : zone de langue française : v. **Leman**.

Leman (saint) ou mieux saint **Levan** : prioratus de trinitate de Bodieuc de *Sancto Lemano* (Cart. Morb., p. 220). Il est à peu près sûr que le *saint Lavan* cité plus haut est pour *saint Levan*. Je crois aussi que *s*[ti] *Leviani* (*Anc. Év.*, IV, 278 en 1163) doit plutôt être lu *Lemani*, a moins que ce ne soit un saint différent : il y a, en effet, dans les anciennes litanies un *s*[t] *Loviau* qui a pu évoluer en *Leviaw* et en *Leau*.

Leno (saint) : en Lanouée (Morb.) : cf. *s*[t] *Llynawg* (Iolo *mss.*, 102) ?

Leon (saint) : en Languidic : peut être récent.

Lery (saint), paroisse du Morbihan. Le saint est appelé *Laurus*. Il me paraît probable que c'est le *Leubri* des Anc. Lit., en passant par *Leuri* (= *Lou-brî*) ; peut-être *Lou-ri*[1] : cf. Dom Lob., *Vies*, p. 157 ; cf. Duine, *Brév.*, 68-70.

Lérin (saint) : patron de Motreff (Bull. C. D., 1901, p. 107) ?

Leupherin (saint) : ad *S*[tam] *Leupherinam* in monasterio Conoch (Cart. Red., 116, an 829-830 : acte fait à Ruffiac) ?

Leutiern (saint) et **Lou-tiern** : v. Anc. Lit. (*Revue Celtique*, 1890, p. 146) : la forme *Lou-tiern* est plus bretonne : *Lou-* a le sens de *brillant*, *lumineux* : cf. gall. *go-leu*, adj. et subst.; bret. *golou*, *goulou*, auj. *subst.*, anciennement adjectif et subst.

Levenec (saint) : en Plouay (Morb.) : v. **Launeuc.**

Lienne (saint) : *e* final n'a pas de valeur : en Théhillac (Morb.). En l'absence de formes plus anciennes, il est difficile d'en rien dire.

Lijour (saint) : Notre-Dame *d'Ilijour* en Briec. On dit dans le pays *sant Lijour*, dont on a fait bravement saint Léger ! (Bull. C. D., 1904, p. 118). Il est sûr que Notre-Dame a été ajouté au nom primitif. Si le saint est réellement *Lijour*, il rappelle le *sancte Lisure* des Anc. Lit. dont on n'avait pas

1. *Lou* brillant et *ri* roi.

trouvé d'autres traces jusqu'ici : il faudrait, il est vrai, lire *Lisiür*. *Ilijour* serait pour *Ilis-Lijour*.

Lizin (saint) : *sancti Lizini* de Dolou (Dolo, C.-du-N. : *Anc. Ev.*, III, 63, an 1227).

Locamand, mieux écrit *Logaman* en la Forêt (Fin.) : v. **Aman**.

Loc-armel : en Plouarzel : c'est une graphie littéraire, comme le montre le nom même de *Plouarzel* : cf. *Erge-Armel* près Quimper, en 1244 Erge-Arthmael : *Arzvael* au XIIIe s. (*Chrest.*, 189). Ce qu'il y a de curieux, c'est que dans le cadastre, il y a un nom de champ au nom de ce saint et que les scribes ne l'ont pas reconnu : *Parc sant Arzel* est écrit *parc sant ar* **Zel** ! : v. **Armel**.

Loc-Eguiner : par. du Finistère : on lui a donné comme patron *Guigner*, ce qui n'explique rien.

Loc-Emo (écrit *Lokemo*) en *Tredrez* (C.-du-N.). Je dois la connaissance de ce nouveau saint à M. l'abbé Durand, curé de Trédrez : d'après lui, *Kémo*, *Efflamm*, Nerin et Kirio (*Kirec*) seraient, d'après la tradition, venus ensemble d'Irlande ; *saint Haran* leur est aussi associé. M. l'abbé Durand a composé un cantique breton en l'honneur de saint Kemo. Je ne vois rien à dire de ce saint.

Loc-grehel : en Melrand (Morb.) ?

Loc-marzin : en Bannalec : v. **Marzin**.

Loc-mener : en Groix : v. **Melaer**.

Loc-meren : v. **Meren**.

Loc-miquel : il y a un grand nombre de *Loc* consacrés à saint Michel.

Locoal : v. **Goal**.

Locohin et **Locohen** : en Kervignac (Morb.). Le saint est *Cohen*, *Cohin* ou *Gohen*, *Gohin*.

Locolven : v. **Golven**.

Locorion : en Inguinel ?

Locornan : v. **Ronan**.

Locorvé : v. **Gorvé**.

Locoyarn : v. **Gourthiern**.

Loc-peheur ? : en Pleumeur (Morb.).

Loqueffret : terre de Plounevez-du-Faou : v. **Euffret**.

Locquemeren : v. **Cemeren** et **Meren**.

Loviau : v. **Leman.**

Locquenvel : v. **Guenvael.**

Locquevry : v. **Hobri.**

Locrio : en Guern pour **Loc-Rio** ? : v. **Rio.**

Locronan : v. **Ronan.**

Loc-samzun : v. **Samson.**

Loctinidic : en Cast : cf. Genedic, Tinidor.

Loctudi : v. **Tudi.**

Loctuen : v. **Tudguen.**

Locundu : v. **Guengu** : à corriger en **Locungu.**

Locunehen : v. **Gunehen.**

Locunel : v. **Guenhael.**

Locunelien : v. **Guingurian.**

Locunolé : v. **Guenolé.**

Locuon : v. **Iudon.**

Loebon : v. **Loevan.**

Loevan (saint) : compagnon de Tutwal (*Anc. Év.*, t. XXVI). La mère de saint Gonery, *Eliboubann*, vivait en Plougrescant (C.-du-N.), dans un îlot qui porte aujourd'hui le nom de Loaven (La Bord., *Hist.*, 383). Ce nom rappelle le *Lan Loebon* du Cart. de Landev., et est aussi le nom d'une des sœurs de saint Patrice, *Liamain*, qui en breton donnerait justement *Loevan* ou *Loevon*.

Loesuc : Lan Loesuc (Cart. de Landév., 41)[1]. Je ne crois pas qu'on l'ait identifié. Le nom de *Loesuc*, plus anciennement *Loiesoc*, est bien connu (Chrest., 146).

Loetgued : **Lan-Loetgued** (Cart. Landévennec).

Loganou : v. **Anou.**

Logeven : en Plouhinec (Fin.) : écrit **Logueven.**

Logonet : v. **Onet.**

Logonna-Quimerch, *Log-onna-Daoulas* : v. **Onna.**

Logot (saint) : en Tremel (C.-du-N.) : dérivé de *log* = gall. *llwg*, brillant (*am-lwg*) ?

Loguiviec : en Grand-Champ (Morb.).

1. La topographie laisse beaucoup à désirer dans les deux éditions du Cart. de Landévennec. Il serait assez facile de retrouver la plupart des noms de lieu qui y figurent.

Loha (saint) : en Plounevez-Moedec (C.-du-N.) (Inventaire sommaire n° 2703, en 1694-1787).

Lohemel (saint) : *sancti Lohemeli* (Cart. de Red. 420). Il me paraît très probable que la forme la plus ancienne doit être *Lew-hemel* qui se trouve au IXe s. dans le Cart. de Red. : *semblable à un lion* (Chrest., 144).

Lohen (saint) : *sancte Lohene* dans les Litanies de saint Vouga : le nom se retrouve dans *Rosnoen* plus anciennement *Ros-lohen*, près Châteaulin.

Lohuec : v. **Iudoc.**

Lomarec : v. **Marchoc.**

Lomeldan : v. **Meldan.**

Lomelec : v. **Melec, Maeloc.**

Lomeltro : v. **Mael.**

Lomener : v. **Melaer, Meler.**

Lomenven : v. **Menven.**

Lopabu : v. **Pabu.**

Lopaerec : v. **Perec.**

Loperaré? : en Glomel (C.-du-N.).

Loperec : v. **Perec, Petroc.**

Loperhet : v. **Berhet.**

Loposcoual : v. **Goal.**

Lopoyen : en *Hanvec* : pour **Loc-Bodian** : c'est sûrement le *sancte Bodiane* des litanies de saint Vouga : dérivé de *Bođ*; gall. *bodd*, bonne volonté, assentiment, satisfaction : *Boyen* = *Bod-gen* ou *Bođian*.

Lopuen : pour *Loc-Buen* : cf. *Buan* : v. **Buđ-gen.**

Lopriac : v. **Briac.**

Loqueffret : cf. **Gefret**; v. **Euffret.**

Loqueltas : v. **Gildas.**

Loquénolé : v. **Guenolé.**

Loqueran : v. **Keran**

Loquestin : en Theix (Morb.). : pour **Loc-Iestin** : v. **Iestin.**

Loquibou : v. **Heboe.**

Loquidy : Loc-mariaquer; prieuré du *Grand-Loquidy* de Saint-Donatien, de Nantes. *Saint-Quidy* en Saint-Caradec-Loudéac (C.-du-N.).

Loquidic *izella*, et **Loquidic** *huella*, en Pleuven (Fin.).

Loquilvan : en Grand-Champ (Morb.).

Loquinin : en Plouhinec (Morb.) : *Loc-Guenin* ?

Loquirec ou **Loc-quirec** : v. **Kirec**.

Lossulien : v. **Sulien**.

Lothea : près Quimperlé : *monasteriola* sanctorum *Taiaci* et *Terethiani* (Cart. Quimperlé, 124). Inutile de dire que *Taiac* est inexact ; la forme que recommande cette graphie est *Taia*. Je ne vois rien à en dire.

Lothey : v. **Dei**.

Louan (saint) : en Riantec (Morb.) en 1505 ; auj. Saint-Léon.

> GALLES : s[t] *Llywan* a vécu dans Ynys Enlli (Bardsey) : Rees, *Essay*, 224. Il y a eu un *saint Luman*, compagnon de Patrice.

Louannec : par. des C.-du-N. ; *Loguanoc* (*Anc. Év.*, VI : Index).

> CORNWALL : *Lewani'ck.* paroisse. Autrefois *Lawanock* (sous Edward VI : Oliv., *Mon.*, 4. 89) et *Lawanak* (*ibid.*, 460).

Louel : **Lan-louel** en Pleyben : famille noble de *Lan-louel* (de Courcy, *Nobil*).

> GALLES : *Lan-louel* (B. Llandav, 325), auj. *Llanlowel* en Monmouthshire, et Llywel en Pembrokeshire. *Llywel* est un des compagnons de Teliau (Rees, *Essay*, 25).

Louet (saint) : en Monterrein (Morb.) :

> GALLES : Eglwys *Llwyd* ou Ludchurch, en Pembrokeshire.

Lourmel : (saint) (C.-du-N.). Ce nom doit être déformé.

Lunaire (saint) a donné son nom à une paroisse d'Ille-et-Vilaine. On prononce *Luner* : c'est un dérivé de *lun*, gall. *llun*, forme, image, effigie. On trouve aussi *Leonorius*, forme qui pourrait s'expliquer ; car *Lunair*, *Luner*, remonte à un vieux brittonique *Lounario-s* ou *Lounorio-s*.

Macenne (saint) : pron. *Massen* ; en saint Thuriau (Morb.). Le saint est *saint Massen*, conservé dans *Maxent*, en Plelan (Ille-et-Vil.). C'est une forme venue du français (v. J. Loth, *Rev. Celt.*, 1890, 147).

Mactronus : v. **Meron.**

Machlow : v. **Malo.**

Maden (saint) : dans l'ancien évêché de Saint-Malo (cf. de Courson, *Pouillé*, I, 708). *Lan-vaden* en Plouenan (Fin.) : Bull. C. D., 1901, 86.

C'est le *S^tus^ Madonius*, cité par l'abbé Duine (*Brev.*, d'après le missel d'Ynizan, de 1457). Saint Maden est donné comme le serviteur de saint Goulven (Soc. arch. Fin., 1890, p. 80.)

GALLES : *cwmmwd* de *Maden* en Meirionydd (Arch., p. 738, 1).

Madron : v. **Meron.**

Mady (saint). lieu-dit voisin de Doelan en Clohars-Carnoët (Fin.) d'après le Bull. C. D., 1909, p. 23). L'absence d'infection prouverait que *y* final est pour une diphtongue *wi* : cf. *Choari*.

Mael : *Coat-Meal*, paroisse du Léon ; *Lan-vel* en Brandivy (Morb.). Mael =*Maglo-s* : *Maglus* est le fils de *Conomaglus*, gouverneur de Fragan.

Il eût été étrange que ce saint ait été inconnu en Armorique, car, en Galles, son culte est toujours associé à celui de saint Sulien, si connu chez nous. Mael et Sulien ont leur église à Corwen en Merionethshire, et à Cwm en Flintshire. Leur fête est le 13 mai (Myv. Arch., 428, note 2).

Maelan (saint) : saint Melan en Guern, Lignol (Morb. : cf. cependant *Goelan*). Ce saint a été évincé par saint Melaine, Or, *-ān* est très net dans la prononciation ; *Melaine* et *Melanius* ne pouvait donner que *Melen*. Il y a en Monmouthshire une paroisse actuelle de Saint-Melon's ; mais la forme du XIVe siècle est *Melan* ; Ecclesia de *s^to^ Melano* (B. Llandav, app. 323, 9).

CORNWALL : *Lamelan* pour *Lan-melan* en Liskeard, est dédié à saint Melan. Il est sûr qu'on a confondu dans ce pays deux saints différents. La paroisse de Saint-Melon est au XIIe siècle : Ecclesia *s^ti^ Mellani* (Ol., *Mon.*, 460). Le *Maglagni* des Inscr. Chr. de Grande-Bret. rappelle notre *Maelan* (Chrest., 46 ; 148) : v. **Melon.**

Mael-cat : Plebs *Maelcat* dans le Cart. de Red., p. 83 en 869, p. 147 en 863, auj. *Plu-maugat* (C.-du-N). : *Mael-cat* a passé dans cette zone, de langue française aujourd'hui, par *malgat* (l'accent dans *mael* était sur *a*) et *l* s'est vocalisé suivant une loi française et non bretonne.

En effet *l* ne se vocalise en breton que devant *t* ou *d* suivant *immédiatement*, ce qui n'est pas le cas ici, *Malcat* dérivant d'un vieux-celtique * *maglo-catu-s*. En zone bretonnante, par dissimilation, *Maelcat*, devenu d'abord *Melgat*, est arrivé à *Mergat*. *Tremelgat* en 1224 (*Anc. Év.*, IV, 80), aujourd'hui *Tremargat*, fief de Plélo : *Lou-mergat*, en Argol.

C'est vraisemblablement aussi *Maelcat* que nous avons dans *Plu-mergat*, Morbihan. Cependant la forme *Plo-morcat* de la vie de saint Gildas, 40, laisse quelque place au doute. En 1225 (abbaye de la Joie, ap. Rosenzweg, *Dict top.*) on a *Ploi-margat*. *Margat* peut être une graphie pour *Mergat*. *Morgat* ne peut guère avoir évolué en *Mergat* : on eût eu *Plomorgat* : cf. *Morgat*.

A noter une graphie : Eleemosina de *Ploemagada* pour *Plumaugat*, fin du XIIe s. (*Anc. Ev.*, VI, p. 140).

Maelcat renferme les mêmes éléments que *Cat-mael* = * *Catu-maglos* qui a donné son nom à *Ros-canvel* (Fin.), dans le Cart. de Landévennec Ros *Catmael*.

Maeloc (saint) : Saint-Meleuc en Plenée-Jugon (C.-du-N.) ; en Pleugriffet (Morbihan) : saint Meluc en saint Maur (de Corson, *Pouillé*, IV, 278, an 1163 : locus Meloci); Pleu-meleuc par. de l'ancien évêché de Saint-Malo (Ile-et-Vil.); en 1122 *Plo-meloc* (*Pouillé* IV, p. 489); *Plu-melec* (Morb.); *Lan-vellec* (*Lan-velec*, par. des Côtes-du-Nord); Lan-meleuc (anc. évêché de Dol); *Loc-melec* en Pluneret; *No-melec* en Surzur (Morb.).

> GALLES : Saint Maelawc : église en Mor en Cardigan ; *Llan-faelog* en Anglesey ; avec le préfixe *ty-* = *to* : *Llan-dyfaelog* en Carmarthenshire, en Brecknockshire : *Llan-dyfeilog* serait préférable : B. Llandav, 279 : *Llan-divailauc*. Sur *Maeloc*, v. Rees, *Essay*, 230 ; sur le nom, v. *Chrest.*, 148.

Maeoc, Meoc (saint) : En zone actuellement française, *saint Mieux* (*saint Mieu*) à Trégomar, en Trébry, en Saint-Trimoel (C.-du-N.); Plumieux (C.-du-N.) : en 1066-1082 dans le Cart. de Redon, *Plu-miuc* ; Tre-meheuc, prieuré en Dol, plus anciennement *tref-Mahuc*; maladrerie de Coet-mieux en Dol. *Saint Mayeux* (C.-du-N.), à moitié francisé (en 1468 *s[tus] Macocus*).

En zone bretonnante : *Tre-meoc* paroisse (Fin.), au XIVe s. *Treff-maeheuc*; *Lan-veoc* par. (Fin.); *Lan-veac* en Peumerit-Jaudy, Ploumagoar, Paule (C.-du-Nord); *Guimaec* (Fin.); *Lesmacc* en Locmalo (Morb.); *Maeoc* = *Magiăcos*, de *mag*, grand.

CORNWALL : saint Feock (*saint Veock*); *Treveage*, village en Alternon.

Pour *To-maioc* v. *Tavayec*. *La-meaugon* (C.-du-N.) est peut-être pour *Lan-meogon* : *Măcocon*?

Magloire (saint) : à Lehon près Dinan : ses reliques y furent transportées de Jersey au IXe siècle. Saint Magloire est patron de Mahalon, en Plomodiern (Fin.) et Châtelaudren (C.-du-N.). Magloire est une forme livresque. Si la forme *Maglorius* est sincère, nous devons avoir, en breton, *Maeler* et *Meler* ou *Meiler*. La forme qui rend mieux *Maglŏriọ-s* est le gallois *Meilyr*, saint connu (Rees, *Essay*, 166, 222). *Maglor* a pu donner *Maelor* et *Melor* : v. *Meilar*, *Melaer* et *Meloir*. Sous une forme française, ce saint (*saint Magloar*) est encore honoré en Langolen (Fin.),

Mahouarn (saint) : a une chapelle en Cast (Fin.) (Bull. C. D., 1905, p. 128). Ce serait aussi le patron de Plo-modiern, probablement grâce à une mauvaise identification.

Cf. Tre-mehouarn en 1426, auj. Tremoar en Berric (Morb.); cf. Cart. Red. Mohoiarn (*Chrest.*, 321). Il est difficile de se prononcer sur la valeur de *mo-*. Il est, en effet, possible qu'on ait affaire à *maw* : v. **Modiern**.

Majan (saint) : *Loc-majan* en Plouguin, Plouescat; *Lan-vajan* en Crozon (écrit *Lan-vagen*) : cf. *Ker-vajan* en Treglonou, Lan-dunvez. C'est le frère de saint Goueznou.

Majan = **Matian*, nom hypocoristique dont la forme complète a peut-être été **Matu-geno-s* (nom connu par des monnaies gauloises); cf. Sulien = *Sulgen* et *Sulian*, *Tutian* et *Tutgen* etc. Pour *t-i̯* ou *d* + *i̯* donnant *j*, cf. *Rat-i̯en* donnant *Rajen*, *Tut-i̯an* donnant *Tujan*, etc.

Il y a à remarquer que *Madian*, en Irlande, est un diminutif de Mathias (*Martyrol. d'Oengus*, éd. Stokes, p. 169 note 5).

Malo (saint); **Machutus**. La forme vraie, la seule qui explique le nom de *Malo* est *Mach-low* = *Macco-lovo-*.

La forme *Maclow* représente une graphie également vieille-bretonne en retard sur la prononciation.

Quant à *Machut-* c'est sûrement un dérivé de Mach- : on dit couramment dans la région malouine : *saint Mahou*.

Il est remarquable que dans la vie de saint Tatheus, en plein pays de Galles, une jeune fille du nom de **Machuta** subit le martyre (Rees, *Lives*, p. 260). Il y a eu dans certaines vies de saint Malo confusion avec les actes d'un saint irlandais *Mochuta*.

Outre Saint-Malo, il y a Saint-Malo-de-Phily (Ille-et-Vil.), Saint-Malo-de-Beignon, Saint-Malo-des-Trois-Fontaines (Morb.), Saint-Malo-de-Guersac en Montoir (Loire-Inf.) etc.

Il y a des *Locmalo* : près Port-Louis, près Guémené-sur-Scorff; en Augan, Guégon, Lizio, Loyat, Ploermel, Saint-Dolay : nulle part, il n'est honoré sous le nom de saint Machut.

Au contraire, il y avait une Eclesia de s[to] Machuto dépendant d'Abergavenny, en Monmouthshire (B. Llandav, p. 320).

Il y avait une église consacrée à saint Machut dans le pays des Pictes du Sud (Bellesheim, Geschichte der Kath. Kirche. im Schottland, I, p. 60).

Malo se prononce en bas-vannetais, *Mâlǫw* et, en haut-vannetais, *Malew̄* = *Machlow*.

Saint-Maleu en Henansal, Broons (zone de langue française des C.-du-N.) représente *Malo* (cf. Dottin, *Glossaire du parler de Pléchatel*, p. LXXII).

Malon (saint) : paroisse de l'ancien évêché de Saint-Malo. En 1314 on a *saint Meamon* qui rappelle *saint Maelmon*, évêque de Saint-Malo. Les paysans, paraît-il, disent *saint Meha* (Duine, *Brév.*, p. 134). Saint-Meha, *Mea*, est, semble-t-il, une forme populaire abrégée de *Mea-mon*. Mais Mea-mon est inexplicable. Maelmon, en cette zone depuis longtemps française, qui se prononçait *Mael-von* ou *Mael-won*, a pu très bien donner *Malon* : cf. *Maugat* de *Malgat* remontant à *Mael-căt*.

Mana : v. **Anna**.

Manach : *Plou-manach* (C.-du-N.). Il me semblait étrange qu'une paroisse eût pris le nom de *paroisse du moine*. Or il y a un saint Manaccus, irlandais d'origine, enterré à Lanreath ou Lanreythow en Cornwall. L'église de Lanlivery lui est dédiée et à saint Dunstan.

Manach est aussi le nom d'une rivière de Galles (B. Llandav 172).

Maon : Lan-vaon en Plouguerneau ; de *Lan-vaon*, fam. noble (de Courcay, *Nob.*). D'après une tradition galloise, le père de saint Patrick aurait été *Mawon* (Rees, *Essay*, 128) : v. *Lan-vaon*.

Marcan (saint) : paroisse de l'ancien évêché de Dol. Marcan étant en zone française pourrait être aujourd'hui, en breton, *Margan* ou *Marchan*.

Le pays de Galles a Margan (écrit à tort Margam), nom d'une abbaye bien connue, en Glamorgan, et *Marchan* dans *Llanfarchan*, en Pembrokeshire. Je crois qu'il faut préférer *Marchan* qui est un nom de saint : cf. pour le nom *Roz Marhan* en Saint-Pabu (Fin.).

Marchoc : *Lo-marec* en Crach (Morb.). *Marec* est pour *Marrec* = *Märchec* (Chrest. 219).

Il est fort possible que le *Saith Marchog* de Gwyddelwern dont le nom est expliqué dans les Mabinogion (J. Loth, *Mab.*, I, 82) par les *sept chevaliers*, signifie tout simplement *saint Marchog* : cf. *saith Pedyr*, saint Pierre : *saith* = *sactus* pour *sanctus*.

Maudan (saint) : Saint-Maudan en Credin, Morbihan ; *Lān-vaudan*, paroisse du Morb. En zone bretonnante, *l* ne se vocalisant que devant *t* ou *d* suivant immédiatement, on ne peut y voir *Maeltan*, ni *Maltan*. S'il y a une diphtongue *aw* dans le nom, le premier terme est *Maw-* (v. *Maugan.*). Si, comme c'est possible, *au* représente *o* français, il faut en rapprocher le gallois *saint Mydan* (*y* = *o* non accentué) de la congrégation de Cattwg (Jones, *Cymru*, II, 344).

Cf. *saint Modan* de *Kil-modan* (Kyles of Bute, Écosse), si du moins, le nom est d'origine brittonique et si le *d* représente un *t* vieux brittonique. Pour *Plu-maudan*, v. **Meldan**.

Marzin (saint) est saint Martin, en vannetais *Marhin* : *Lan-varzin*, en Plozévet ; *Loc-Marzin* en Trégunc (cf. Soc. arch. Fin., 1883, p. 467 ; v. Epoques préh. à *Trégunc*) ; en Bannalec.

Il y a aussi un saint Marzin en Plougonvelin.

Maudez (saint) : La forme la plus ancienne est *Mawded* ou *Mawteđ* comme le montrent la prononciation léonarde *Maodez* et la prononciation *Mọdẹ* du Cornouaillais et du Vannetais.

Mawdeđ est le *Matith* pour *Mautith* des anciennes Litanies (*Revue Celt.*, 1890, p. 147), c'est-à-dire *Mautiđ*.

Il n'y a pas de saint plus honoré en Bretagne, quoique sa vie soit surtout légendaire : soixante chapelles au moins lui ont été consacrées, un peu partout en Bretagne, dans les Côtes-du-Nord, le Finistère, le Morbihan, les anciens évêchés de Dol et Saint-Malo.

Il est dit dans une vie manuscrite citée par les rééditeurs des vies d'Albert-le-Grand, que Maudez, originaire d'Irlande, aborda à Porz-Biniget, en Léon, et s'établit non loin de là à *Curia Miriteci*. Or y a en Lanhouarneau au cadastre une terre portant le nom de : *ar veridec sant vaodès*.

CORNWALL. Il y avait en Cornwall un lieu portant le nom de *Saint-Moze*, *Mauze* (le *z* représente *d* breton ou *t*) : d'après Leland : *Mauditi rotundum castrum* (Norden, Specul. Brit. Pars. : *a topogr. and hist. descript. of Cornwall*, p. 34) ; *Mauditi* est inexact pour *Maudidi*. Le *rotundum castrum* est d'autant plus étonnant que la cellule du saint dans notre île de Bréhat est *ronde*, à tel point qu'on l'appelle *Forn-Modez*, le four de Modez.

Si *Maudez* est un ancien composé vieux-brittonique, il faut supposer *Magu-tiđ-*. Si ce sont deux mots dont le premier gouverne le second, *Mawdiđ* signifierait serviteur de *Diđ* : v. celt. *Diyos*, jour, dieu du jour ? Entre autres vertus *Maudez* guérit des maladies d'yeux.

Maugan (saint) : ancien évêché de Saint-Malo. Comme c'est en pays de langue française, et que le nom est écrit de façon diverse, il est possible que Maugan soit pour *Malcan* ou *Malcant* [1], nom parfaitement brittonique.

Nous avons sûrement *Mawgan* ou *Mougan* dans le *Lomogan* de Ste-Sève (C.-du-N.) ; car *l* en breton ne se vocalise que devant *t* ou *d*. Cf. saint Mogon en Pleucadeuc.

1. On trouve *Magadan* et *Malgaudus* (Duine, *Brév.*, p. 70).

Cornwall : *Mawgan*, paroisse (Oliv., *Mon.*, 441).

Galles : *Llan-feugan* en Brecknockshire; *Capel Meugan* en Anglesey (Rees, *Essay*, 269). Le *Meugan* gallois peut être par composition, pour un plus ancien *Maucan* en passant par *Moucan* : cf. *Meudwy*. La vie de saint Dewi mentionne un monasterium *Maucanni* (Rees, *Lives*, 117).

Mazé (saint) : pour *Mazeo*, vannet. *Maheo* = *Matheus* : saint Mathieu; *Loc-mazé*, Pointe Saint-Mathieu.

Ce saint est honoré en plusieurs endroits.

Mazéal : *Saint-Vazeal* ou *Vazal* en Plouhinec (Soc. arch. Fin., 1903, p. 180).

Mazou (saint) : Goarem-Sant-Vazou en Plourin (Fin.). En l'absence de toute autre forme, il vaut mieux n'en rien dire. La consonne initiale n'est pas certaine.

Meilar : écrit à tort *Meilars*, paroisse du Finistère; *Meylar* en Plouhinec : suppose une forme vieille-britt. **Maglar-* : cf. Magloire et *Melaer*.

Melaine (saint) : saint gallo-romain, évêque de Rennes; est honoré en plusieurs lieux, mais en Basse-Bretagne, en général, indûment.

Melar (saint) : *Loc-Mélar*, par. du Fin.; *Loc-melar* en Irvillac, en Plouneventer, parc *Saint-Melar* en Lanmeur; saint Melar (écrit *Melard*) à Pontivy. Il n'est pas impossible que ce soit le même saint que *Meilar* et *Melaer*; ce n'est cependant pas sûr. *Melar*, *Melaer* peuvent dériver de la même racine que *Meliau*; *Meilar* remonte à *Magl-*.

Melaer, Meler : saint Meler (écrit à la française *saint Melaire*) en Plobannalec; *Lomener* en Groix, au XIIe s. *Loc-melaer*; *Lomener* en Pleumeur, Pontscorff (Morb.); *Lan-veler bras* et *bihan* en Kersaint-Plabennec (Fin.).

Melor : v. **Meloir**.

Meldan : *Loc-meldan* en Baud : pour *Loc-mael-tan*, vraisemblablement : *Plu-maudan* (C.-du-N.), d'après certaines formes anciennes est pour *Mael tan* (v. *Mael-cat*). La forme la plus caractéristique est *Plo-maldan* (Judicael de Plomaldan) dans une charte de 113... du Cart. de saint Melaine (*Anc. Év.*, III, p. 338).

Dès le XIIIe siècle, on a *Pleumaudan*.

La forme *Plomaugdam* de 1330 donnée par Longnon (Pouillé, p. 358, 359) est une faute de lecture du scribe et remonte peut-être à une forme intermédiaire : *Plo-mauldan*.

Meldéoc (saint) : évèque dans la partie fabuleuse de la liste des évêques de Vannes. C'est tout simplement le saint irlandais *Melteóc* (*Felire Oengus*, fête le 11 décembre : *Melteoc* = *m'Elteoc*). L'abbé Le Mené (*Hist. du diocèse de Vannes*, I, p. 130) en fait, avec d'autres sans doute, le patron de *Lomeltro* en Guern ; or *Lomeltro* était en 1435 *Loc-mel-tnou* : *Mel-tnou* signifie le *creux*, le *vallon de la boule*, à moins que *mel* ne soit pour *Mael* ; il y a une chapelle où on conserve non pas un *maillet bénit* pour assommer les vieillards, comme on le dit faussement, mais deux *boules de pierre* (*mel*, boule, soule).

Melean (saint) : en Porcaro (Morb.) ?

Melen (saint) : en Lanvenégen (Morb.). On y honore aujourd'hui saint Melaine. *Plu-melen* en Kervignac. *Plu-melin* [1], en 1422 *Ploe-melen*. Plo-melin (Finist.) étant pour *Plo-meryn*, il est très probable que *melen* dans ces *Plu-melen* est pour *Meren* : v. **Meren**.

Meliau : *Plu-meliau* (Morb.) : pron. *Plõniaw̃* pour *Plõ-liaw̃* avec *õ* nasal, pour *Plũ-veliaw̃* ; *Guimiliau*, pour *Guic-miliau*, *Plou-milliau* ; *Lan-viliau* en Plomodiern. *Saint-Méliau*, fontaine en Locronan (Soc. Arch. Fin., 1894, p. 167).

Il n'est pas impossible que *Miliau* et *Meliau* soient pour *Meiliaw* = *Magliaw*, nom connu ; cependant, il est beaucoup plus probable que *Meliau* est à rapprocher du *Meliau* de 853 du Cart. de Redon et de *Uuin-melio* : cf. *Meli* dans les Inscr. chr. de Bretagne (*Chrest.*, 151). Le calendrier de Tréguier met la fête *Miliavi* au 5 novembre.

Melin : v. **Merin**.

Melon (saint) : dans le calendrier de Léon : c'est le nom d'une paroisse : *Melon* ; cf. Saint-Melon, chap. en Tréogat.

GALLES : *St Mellan 's* en Monmouthshire (*Arch. Cambr.*, 1902, p. 107).

1. Plumelin est aujourd'hui en zone française du Morbihan.

CORNWALL : il y avait une paroisse de *Mellon*, mais on trouve au XIIIe siècle, *Ecclesia sancti Mellani* (Oliver, *Mon.* 460).

Mullyon, autre paroisse de Cornwall, paraît devoir être rapprochée de notre *Saint-Mollien ou Moelien*.

Melor (saint) et **Méloir** (saint) : *Meloir* est une forme française : *Tre-meloir* (C.-du-N.) est en 1212 : *Tref-melar* (*Anc. Év.*, III, 232) ; *Saint-Meloir* en Plounevez-Moedec, se dit *Zant Milour* ; il est vrai que *Milour* peut être une représentation bretonne de *Meloir* : cf. *Milour* = *Miroir*.

Latinisé, le nom est *Melorius* (Cart. de Quimperlé), 150 ; corps de : *sancti Melori*, dans le Cart. de Redon, p. 368 en 852 ; cf. 47, en 849.

CORNWALL : *sanctus Melorus* en Lankinhorne ; *Melor* et *Mabe* fondus en une paroisse (Oliv., *Mon.*, 441) ; ecclesia de *s*[to] *Meloro* au XIIIe s. (ibid., 458).

Thornecumbe en Dorsetshire est dédié à saint Melor. Son corps serait à Amesbury ; sa fête se célébrait le 1er octobre.

Memor (saint) : v. **Movor**.

Menven : *Lo-menven* en Guiclan.

Une tradition galloise veut que saint Patrice se soit appelé *Maen-wyn*, nom identique à notre *Menven* (Rees, *Essay*, 28).

Mérec (saint) : en Kergrist (Morb.).

Méren : *Lan-meren* (Cart. Landevennec, 26) ; *Loc-meren* en Grand-Champ (Morb.) ;

Plu-melen ; *Plu-melin* (v. *Melen*) ; *Ploeren*, paroisse du Morbihan, *Ploe-veren* en 1402, pour *Ploe-meren*.

GALLES : *s*[t] *Meryn* (*Myv. Arch.*, 428, 1).

Meriadec (saint) : trêve de Plumergat, Pluvigner, Pluneret, Noyal-Pontivy ; il est patron de Stival (Morb.) ; et Plougasnou (Fin.).

CORNWALL : l'église de Camborne lui est dédiée.

Il y a un pays de Meiriadoc en Denbighshire.

Saint Meriadec figure sur la liste des évêques de Vannes, mais dans la partie qui ne mérite aucune confiance. Le fait qu'il est honoré en Cornwall et que le nom est bien connu et ancien en Galles, me fait croire qu'il pourrait bien n'avoir jamais été évêque de Vannes et en tout cas n'avoir pas vécu au VII-VIIIe siècle.

Merin : *Lan-merin* (C.-du-N. : *Inv. somm.*, no 2760) ; *Plomelin* : au XIVe s. *Ploe-meryn* (*Chrest.*, 225).

GALLES : *Merin* a donné son nom à *Bod-ferin* chapelle en *Llan-Iestin*, Carnarvonshire, et à *Llan-ferin* en Monmoutshire (Rees, *Essay*, 236).

CORNWALL : *saint Meryn* (*y* est généralement pour *ī* long) : cf. Oliv., *Mon.*, 441, 37).

Meron : peut-être dans *Lan-veron* en Saint-Evarzec (Fin.). Il y a un disciple de Tutwal, dit *Mactronus* (La Borderie, *Hist.*, I, p. 359 ; vie de Tutwal, p. 20) enterré aux pieds de son maître. Je suppose qu'il faut lire *Madronus*, lequel donnerait *Mazron* et *Maeron*, *Meron*.

Il y a une paroisse de Madron écrite aussi *Madern*, d'après une prononciation qui n'a rien d'anormal en Cornwall (Oliv., *Mon.*, 44).

Mervon (saint) : ancien évêché de Dol : représente peut-être *Maelmon* en passant par *Melvon* ? v. cependant **Malon**.

Meven (saint) : *Ploeven* (Fin.) : en 1468 *Ploe-meguen* ; *saint Méen* (*Mewen*) près Lesneven ; *Tre-meven* paroisse de l'ancien évêché de Saint-Brieuc. Il y a des Saint-Meen en Beignon, Montertelot, Monteneuf, Ploermel, Le Saint (Morb.) ; il est honoré à Berné (Morb.) sous le nom de zan *Meüen*. Il a donné son nom à Saint-Meen de Gaël [1] (Ille-et-Vil.), à Saint-Meen-du Cellier (Loire-Inf.).

CORNWALL : paroisse de *St Mewan* ; église à Mevagissey.

Mevor : v. **Movor**.

Mezeoc : si la forme *Lan-vezeoc* donnée par le pouillé de Tréguier (Cart. Redon, CXCII) est sincère, on a affaire à une forme avec *mo- : mo-Seoc* : v. **Seoc**, *Sieu*, *Sew*.

Mezo (saint) : *Liors sant Vezo* en Lanhouarneau. Le nom ancien, en cette partie du Léon pourrait être *Güezo*, mais la terminaison qu'on attendrait, dans ce cas, serait *-ou*. Il me paraît plus probable que le nom du saint est *Mezo* : rien de commun avec *Mezo*, ivre.

1. En 1052 : *Jedicalis abbas sancti Meguenni.*

C'est probablement le saint gallois *Medwy* qui a donné son nom à *Llan-fedwy* en Glamorgan : c'est un des premiers saints de l'île de Bretagne, envoyé, d'après la légende, par le pape Eleutherius (Rees, *Essay*, 83-84).

La forme vieille-bretonne *Metwy* (*Metoc*) a évolué en breton, en *Mezo* au lieu de s'arrêter à *Medo* comme *betuos*, bouleau, en *bezo*. Il y a dans le comté de Monmouth. une paroisse de *Llan-fihangel* ou Michaelston *Fedwy* (Rees, *Essay*, 237).

Mibrit : *Loc-mibrit* en Plomodiern.

Baring-Gould a rapproché ce nom de celui de saint *Meubret* dont la fête se célèbre à Cardinham en Cornwall : ce saint s'appellerait aussi *Mybard*. Une forme correspondant à *Mibrit* (et non *Mybrit*) serait en Cornwall *Mibris* : *Meubret*, *Mybard*, tout cela est de pure fantaisie. Si nous supposons une forme *vieille-cornique* correspondante à *Mibrit*, on peut supposer une graphie *Mibret* ou *Mebrit*, ou plutôt *Miprit*, ou *Meprit* : à moins qu'une consonne n'ait disparu après *mi-*.

Mirel (saint) : en Plénée-Jugon (C.-du-N.).

Modiern, dans *Plo-modiern*. On prononce *Plö-di'rn*. On a fait de Mahouarn ou *Magloire*, le patron de cette paroisse.

Il est possible que le nom réel soit *Maw-diern* = * *Magu-tegerno-s* : cf. *Magu-rix* sur une monnaie gauloise (Déchelette, Fouilles du mont Beuvray en 1897-1901, p. 91). Pour *mo* = *mao*, cf. à côté de *Kerarmao* en Plozevet, *Parc ar Mo*, Parc ar *Mobihan* en Plounevez-du-Faou (Fin.). Cependant la forme *Ploe-mordien*, que l'on trouve dans une vie de saint Corentin (Soc. arch. Fin., 1886, p. 122), ne laisse guère de doute, que la forme sincère ne soit *Mordiern*.

Galles : St Mordeyrn (= *Mordiern*) à Nantglyn en Denbigh (*Myv. arch.*, p. 428).

Moe : *Moe-lan* paroisse (Cart. Quimperlé 179) ; cf. monasteriolum *Moe* en Luzanger, Loire-Inf. : charte de 868 du Cart. de Redon. *Lan-voé* en Plougonven ; *Lan-voy* en Hanvec ; *Les-voé* en Pouldreuzic, Landudec (Fin.). Pour la construction *Moe-lan*, cf. *Doe-lan*, tout à côté, *Coet-lan*, monasterium nemoris (vita Gildae, §§ 27) ; il y a d'autres *Coet-lan*, à côté de *Lan-goet* ; cf. *Gar-lan*, *Cat-lan* (*Calan*) etc.

Galles : *Lan-Timoi* et *Lan-Tivoi* (B. Llandav, 275) ; la

forme *Lan-voy* a sûrement existé, car c'est aujourd'hui Foy (= *Voy*) en Herefordshire.

Ti-moi serait *Ty-fwy* aujourd'hui : *ti* = *to-* atone.

Moedec : Plounevez-Moedec (C.-du-N.) ;

Lan-voedec en Plougonven (C.-du-N.) : *Voedec* peut être pour *Boedoc*, mais la présence de *Moedec* dans la même région plaide en faveur de *Moedec*.

Cf. *Moydog*, village en Castell Caereinion en Montgomeryshire.

Mogon (saint) : en Pleucadeuc, Morbihan de langue française. Pour le nom cf. *Ker-väogon* en Plouzané. Le nom doit être différent de *Maugan* (v. plus haut), mais la prononciation n'est pas assurée.

Molff (saint) : auj. Saint-Nolff (Morb.), en 1421 St-Molff, contre l'étonnant *sanctus Majolus* de 1374. Il y a aussi une paroisse de *Saint-Molff* dans la Loire-Inférieure. Le nom paraît irlandais ; *molmha* est, en irlandais, un participe signifiant *loué*, *vanté*, de la même racine qui a donné, en breton, *meuli* et en gallois, *moli*, louer.

Mollien (saint) en Fouesnant : cf. *Mullyon*, en Cornwall. Il est possible toutefois que ce soit pour *Moellien*, paroisse (C. Landev., *Moelian*, 14) : v. **Melon**.

Molvan (saint) : chapelle en Cléguerec (Morb.) : nom dérivé de *Molv* : on prononce *Mol-wan*, ce qui est régulier à Cléguerec : cf. *er wam*, la mère.

Moran (saint) : *Saint-Morand* (avec un *d* de trop) en Benodet (Bull. C. D., 1906, p. 117) ; *Lan-voran* en Plozevet, en Saint-Jean-Trolimon, en Beuzec-Cap-Caval. Il est parfaitement absurde de voir dans ce saint, saint Moderan.

Cornwall : paroisse de *Lamorran* (Oliv., *Mon.*, 440) ; la mention la plus ancienne se trouve dans une charte de 969 du roi Edgar : *Lann-moren* (de Gray-Birch, *Chart. Sax.*, III, p. 521).

Morbret (saint) : cart. de Landevennec 37 : le nom est composé de *mor*, grand. et de *bret* = *brĭt-* (pensée) : on aurait aujourd'hui *Mor-vret*.

On l'a rapproché d'un saint *Meubret* dont la fête se célèbre à Cardinham en Cornwall : on l'appellerait *Mybard* : v. **Mibrit**.

Morgant : *Lan-morgant* (C. de Quimperlé, 183) : la situation de cette *lan-* n'est pas connue : cf. *Lan-organt* en Plouvorn.

Morgat : *Plo-morcat* apparaît dans le *vita Gildae* 40, mais la forme du nom n'est pas sûre, non plus que l'identification : cf. *Morcat* (C. Landev., 10), aujourd'hui *Morgat* en Crozon.

Morvan (saint), en Guidel (Morb., d'après Luco, *Pouillé de Vannes*).

Le nom de *Murman*, *Morman*, en vieux-breton, est bien connu.

Morven dans *Lanorven* pour *Lan-vorven* en Plabennec, rappelle *s*[t] *Morwenna* à *Morwinstow*, Cornwall (Oliv., *Mon.*, 441).

Movan (saint) : famille noble de Saint-Movan, d'après les titres du château de Nantes de 1260, 1374 (Dom Lobineau, *Vies* : catalogue de quelques saints inconnus).

Très probablement *Movan* représente *Mǫwan* ou *Mawan*. Or, il y a en Galles, un *saint Mawan* dont on ne sait d'ailleurs rien (Rees, *Essay*, 207).

Movor (saint), **Mevor** (saint) : ce saint est connu par le B. of Llandav. sous les deux formes *Mimor* et *Movor*, *Merthir Mimor* 31, 43, 90, 212-3 ; *Merthic Movor* app. I (XIVe siècle) 284 ; auj. Merthyr Mawr en Glamorgan ; *Lan-movor*, 321, aujourd'hui *Llanover* en Monmouthshire.

Mevor est aussi le nom d'un saint homme qui octroie des terres, à *Saint-Gudwal*, en Camors, Morbihan (de la Borderie, *Hist.*, I, p. 495).

Or, il y a un Lanover en Plouezoc'h, écrit *Lanovert* et un autre, écrit *Laneauvert* en Plounevez-Moedec. J'avais pensé que le premier était un souvenir de Lady Llanover et du château de Llanover en Galles, d'autant plus que c'est : *maner Lanovert* dans le cadastre pour Plouezoc'h, et je ne suis pas encore sûr que mes soupçons ne soient pas fondés. Pour *Laneauverte*, c'est peu vraisemblable : car, d'après une communication de M. Fr. Vallée qui le tient de source absolument certaine, on prononce *Lanover*.

Je dois reconnaître que, pour le breton, le passage de *Memor* à *-over* dans *Lan-over* n'est pas sans difficulté. On peut supposer que, comme pour le gallois, *Mevor* aura passé à *Movor*, puis *Mover* : *Lan-over* pour *Lan-vover* ?

Il y a une chapelle de saint-Memor (forme littéraire ?) en Gouesnac'h (Soc. arch. Fin., 1904, p. 30).

Munna : sancte *Munna*, dans les Lit. de saint Vouga, paraît être le saint irlandais *Munna* alias *Fintanus* dans le ms. de Bruxelles dit de Salamanque (*Revue Celt.*, 1890, p. 375 ; cf. *The mart. of Oengus*, p. 226, 21 octobre). V. **Onna**.

Neizan : *Lan-neizant* : le *t* est de trop, comme le prouve *Ker-neizan* dans la même paroisse de Ploneour-Lanvern.

Il est probable qu'on est en présence de *saint Nechtan*, honoré en Cornwall et en Devon : il est le patron d'Ashecombe, Hartland en Devon (Ol., *Mon.*, 444, 449) : *Nechtan* est la forme gaélique, et *Neizan* en est la forme exacte correspondante en breton.

Nenan : dans *Te-nenan* ?

Ninian, l'apôtre des Pictes, était appelé en Irlande *Mo-nenn* (ou *Mo-ninn*) : Metcalfe, *Vitae Sanctorum Scotiae* I, p. 14 ; cf. *The mart. of Oengus*, Index, p. 438, à *Ninn*).

Il est cependant peu probable qu'il s'agisse de *Ninian* : on aurait eu *Negnan* : v. **Ninian**.

Pour *Nenan*, cf. *Ker-nenan* en Ploerdut (Morb.).

Nenec (sainte) : *Saint-Nenec* en Lignol, Bubry ; *Lan-nenec* en Plœmeur (Morb.) : dans le Cart. de Quimperlé 62, 95 : *Lann Ninnoc*.

Nerin (saint) : *Plou-nerin* paroisse de l'ancien évêché de Tréguier. *Saint Nerin* est honoré dans le pays de Tréguier, avec Effiam, Tudès, Kemo.

Neven (saint) : Lan-neven, trêve de Botlezan, ancienne paroisse en Bégard (C.-du-N. ; cf. *Inv. somm.* n° 1753). C'est le même nom qu'on retrouve dans *Les-neven* paroisse, et *Les-neven* en Châteauneuf-du-Faou, *Neven* en Saint-Pierre-Quilbrignon, Lanrivoaré.

Galles : St Nevyn : Eglwys *Nevyn* en Carnarvonshire (Rees, *Essay*, 147).

Nevyn et *Neven* remontent à *Nŭmin*, forme vieille-galloise et bretonne, d'où dérive le célèbre nom de *Numin-oe* et *Nomin-oe*, devenu plus tard *Nevenoe*.

Neventer (saint) dont le culte est associé à celui de saint Derrien ; *Plou-neventer* (Fin.) ; Ecclesia *sancti Numenteri* (*Anc. Év.*, 278, an 1167) : c'est le nom gallois *Nevenhyr*.

Il est aussi honoré à Plouedern.

Nevet : Ecclesia de *Lan-nevet* (C.-du-N.) (*Anc. Év.*, 14, 10, en 1198) ; chapelle de *Nevet* en Plonevez-Porzay.

CORNWALL : *Nymet* (Ol. *Mon.*, 452) et *Lanivet*.

Nic (saint), paroisse près Châteaulin (Fin.) ?

Niel (saint) : famille noble de Lamballe, en 1437 ; saint Niel près Pontivy, en 1416 *Saniel* : v. **Iel, Iudel**.

Ninian (saint) : *sanctus Ninianus*, près Châtelaudren (*Anc. Év.*, IV, 358, an 1148). C'est aussi le nom d'une rivière du Morbihan ; un témoin de ce nom signe au IXe siècle dans le cart. de Redon.

Saint Ninian est l'apôtre des Pictes.

Ninnoc (sainte) : v. **Nenec**.

Ninon : *Laninon* en Saint-Pierre-Quilbignon ; cf. *Ker-ninon* en Cleden-Cap-Sizun. Il y a un *Lannivon* en Sainte-Brigitte (Morb.) qui est probablement pour *Lan-nin-von* : *Nin-von* plus anciennement *Nin-mon* est un nom connu.

Ninuee : famille noble de *Saint-Ninuee*, d'après le Cart. de saint Sulpice, en 1254 (Tresvaux, *Vies*, I).

Nio (saint) en Candan ; en 1497 *saint Niziau* : on prononce *Zaniaw*. Il n'est pas impossible que *n* initial appartienne à la finale de *san* pour *sant*. Dans ce cas, *Idiaw* serait pour **Iudiaw** : v. plus haut.

Nisien (saint) : v. **Lanvenegen**.

Nizon (saint) en Malguenac ; on prononce *Zanihõn*. La forme en 1448 est Saint-Nuzon ; dans ces conditions, il est possible que le saint soit **Iudon** : v. plus haut. Cependant, on peut aussi songer à une forme vieille-bretonne *Neithon*, nom très connu dans les légendes galloises.

Noan : de *Saint-Noan*, famille noble de Lamballe en 1437 ; cf. *Lannouan* en Landevan (Morb.), *Lannoan* en Cleden-Cap-Sizun (Fin.). Saint Oan est honoré en *Lanoan* (Les saints du Cap-Sizun, Soc. arch. Fin., 1899, p. 401). La forme primitive est douteuse.

Nonn (sainte) : *Diri-non*, paroisse où elle est honorée,

Lennon paroisse du Finistère; *Lan-non* en Bannalec; *Crec'h Nonn* en Bégard (il y a une rivière *Nonn* dans le Cart. de Redon : cf. J. Loth, *Contrib. à la lexicogr. et à la ling. celt.*, à *Nonneu*).

CORNWALL : *Altar Non* (autel de *Non*), paroisse; son culte est associé à celui de Dewi : au nord-est est Davidstow.

DEVON : s[ta] Nonn à Bradstone.

GALLES : *Lannon* en Cardiganshire, *Capel Non* en Ty Ddewi (maison de saint Dewi) en Pembrokeshire.

Norgard (saint) en Crozon. Il faut lire *san Orgar* : on a prononcé *Sanorgar* pour *san Norgar* : le *t* a disparu ou s'est assimilé à *n*; de la prononciation *Sanorgar*, on a tiré *sant Norgar* : v. **Gorgar.**

Norvez (saint) : en Begard (C.-du-N.).

Le vrai nom doit être *Orvez* ou *Gorvez*.

Noyale (sainte) : *Noyal-guen* en 1387; on dit aussi *Guen-noal*; or *Guenn* ne signifie pas seulement *blanc*, mais aussi *bienheureux*, *saint*, en breton comme en gallois. On a affaire à *saint* ou *sainte Guen* de Noyal, ou simplement au *saint* ou à la *sainte* de Noyal.

Noyal est un nom de lieu gallo-romain bien connu :

Noyal-sur-Bruz, Noyal-sur-Vilaine, Noyal-sur-Sèche (Ille-et-Vilaine).

Nudec (saint) en Caudan (Morb.) : nom probablement déformé.

Nuz : famille noble de *Lan-nuz* (écrit *Lan-nux*) d'après de Courcy, *Nobil.*, Nudd, en Galles, est le nom d'un dieu bien connu : v. **Collen.** Le nom se retrouve dans *Ker-nuz*, près Pont-Labbé. C'est aussi un nom d'homme breton (*Chrest.*, 223).

Oan (saint) : v. **Noan.**

Ozvan : Plovan (près Quimper); en 1468 *Ploe-ozvan*; on prononce aujourd'hui *Ploãn*. La valeur de *z* n'étant pas établie, il est impossible d'être affirmatif; il est probable cependant que *z* représente une spirante dentale. Pour le *v* on peut hésiter; il faudrait une étude approfondie du breton de Plovan même pour permettre de se prononcer.

Ourzal (saint) : en Porspoder (Fin.); en Landunvez (*Ep. préh.*, p. 159).

Le nom réel peut être soit saint Tourzal, soit *saint Wrzal* (*Gourzal* = * *Gwrthal ?*).

Il y a, en Galles, un nom qui en est très voisin : c'est *Wrthwl* ou *Gwrthwl* qui a donné son nom à *Llan-wrthwl* en Brecknockshire et *maes Llan-wrthwl* en Carmarthenshire (Rees, *Essay*, 308).

Paban : *Lan-baban*, ancienne paroisse, auj. *Lababan* en Pouldreuzic ; cf. *Lam-boban* en Cleden-Cap-Sizun.

Le patron de Pouldreuzic est, dit-on, saint Tudwal, qui est connu sous le nom de *Pabu* ; la terminaison *-an* est souvent un diminutif, peut-être une sorte de marque d'affection : cf. pour la terminaison *baban* en gallois, *maban*, petit enfant.

Pabu : Saint-Pabu (Finist.), trève de Ploudalmezeau ; saint Pabu en Erquy (C.-du-N.), *Lan-babu* en Ploumoguer, devenu *Tre-babu* ; saint Pabu (écrit Pabut) en Pluherlin (Morb.). *Lo-pabu* en Granchamp (Morb.) ; *Pabu* en Trégrom (C.-du-N.) ; *Loguel Pabu* en Plouescat (la pièce de terre à Pabu) ; Liors *sant Pabu* en Briec (Fin.). *Lan-babu* en Plouhinec (Fin.).

Tous ces noms paraissent être des surnoms de saint Tudwal.

Mousteir-Babu en Ploerdut était en 1426 *Moustoer-Babae* (*Chrest.* p. 222). *Pabu* a été probablement un cas, généralement le génitif, de *Papa* (*Lan-Babu*, moustoer-*Babu* : le monastère, le moutier de *Papa* (*Papae*) ; c'est une évolution linguistique difficile à suivre, semi-littéraire, semi-populaire : c'est de *Papa Tudwal* (cf. Papa *Tigernomale* dans la vie de saint Samson) qu'est venue la légende que Tudwal avait été *pape* à Rome.

Il est justement remarquable que Pabiali, fils de Brychan, en Galles, porte le nom de **Papai** (Rees, *Essay*, p. 144). Cf. *Llan-Baba* en Monmonthshire. Pour le *nom*, cf. Llanfihangel, Bryn-*Pabuan* en Brecknockshire.

Palay (saint) : *Saint-Palais* (sic) en Plouer (C.-du-N.) ; Plou-balay (C.-du-N.) ; *Tre-balay*, en Bannalec (Fin.), ancienne chapelle (Bull. C. D. 1902, p. 277). La forme avec *to-* existe :

Trev Taballae dans le Cart. de Quimper.

Onna : *Log-onna* en Quimerc'h ; *Log-onna*-Daoulas.

On a supposé, mais c'est totalement impossible, que *Nonna* était la sainte à laquelle ce *loc* était consacré. D'abord *Nonna* est une forme récente faite d'après les noms à terminaisons en *a* représentant soit des formes littéraires ecclésiastiques comme Maria, soit des formes françaises en *-e* féminin final, lequel s'est traduit par *-a* : *Perrine* a donné *Perrina* ; *Marianne, Marianna* etc.

De plus *Loc-nonna* eût donné *Lononna*.

Il n'est pas sûr le moins du monde que le nom soit féminin. Il y a en *Logonna-Quimerc'h*, un village de *Ker-onna*. Je serais tenté de voir dans *Onna* le même nom que dans *Munna* qui se décomposerait en *m'onna* = *mo Onna* ou *mo-Ŭnna* : v. **Monna**.

Onneau (saint), patron d'Esquibien (Soc. arch. Fin., 1899, p. 417).

Onenn (sainte) : écrit *Onenne* à la française en Tréhorenteuc (Morbihan) ; plus anciennement s^te^ *Onen*.

> GALLES : Onen était la mère de saint Elaeth (*Iolo ms.*, 101 ; *Archiv.*, II, 195 : elle était fille de Gwallawc.

Onet ? : *Log-onet* en Sauzon (Belle-Ile, Morb.).

Onou (saint) : v. **Donou**.

Pater : v. **Lambader** : cf. **St Père**.

Patern (saint) : Saint-Patern (prononcez *Pedern* ou *Padern*) en Malguénac, Meslan, Saint-Tudwal (*saint Tugdual*) dans le Morb. ; *Lan-badern* en Plabennec (Fin.) ; Saint-Patern en Plourac'h.

> GALLES : il y a quatre grandes paroisses sous son nom et plusieurs chapelles.

En Galles, comme en Bretagne, il y a eu sûrement plusieurs saints confondus sous ce nom (cf. Rees, *Essay*, 216).

En Cornwall, saint Patern est honoré à Petherwyn (Ol. *Mon.*, 442).

Paul (saint) ; *Paol* en Léon ; *Pôl* ailleurs. Il y a peu de saints plus honorés que ce saint qui, pour les Bretons, est le fondateur de l'évêché de Léon : *Mespaul*, par. en Léon ; Lampaul-Guimiliau ; Lampaul-Plouarzel ; Lampaul-Ploudalmezeau ; Lampaul en Ouessant ; *Castel-Paol* (Saint-Pol-de-Léon) ; *Bas-*

paoul en Batz; *Feunteun-Baol* en Landunvez; *Pors-Paol* en Lampaul-Ploudalmezeau; *Pors-Paol* en Ouessant; *Bourg-Paul* en Muzilllac; *Lapaul* en Melrant: en 1292, c'est, il est vrai, *Loch-Paull*; mais il y a un autre *Lapaul* en Locoal-Mendon.

Il y a dans les Côtes-du-Nord en Cornouaille, une paroisse de **Paul**, exactement comme dans la Cornouaille anglaise.

Paulan : est une section de Plusquellec et rappelle *Peulan* qui a donné son nom à *Llan-beulan* en Anglesey.

Paulennan (saint) : il est question des reliques *sancti Paulennani* dans le Cart. de Quimperlé (p. 46, vie de Gurthiern).

En Galles, on a confondu avec Paulinus d'autres saints et probablement le nôtre : par exemple, un certain *Pawl Hen* (Paul le Vieux) qui avait une chapelle à Llangors en Brecknockshire (Rees, *Essay*, 187, 191).

Peaule : v **Eol**. **Ewl**.

Peaux (saint) en Hennebont (Morb.); ce nom existait en 1277.

La prononciation ne m'est pas connue. Si la graphie est française, comme c'est probable, il serait possible qu'on eût affaire à un *sant Peo* pour *sant Beo*; si la phonétique actuelle triomphe, le *t* sourd final peut assourdir la sonore suivante (cf. *hempras* pour *hent* bras; *pem Kŵenec* = Pemp-gŵenec).

Il y a des saints de ce nom en Irlande.

Pebliau (Saint) : capellanus *sancti Pebliau* en Ploec-Goilou (*Anc. Ev.*, IV, 121 en 1245).

Cf. saint Peblic? en Galles, patron de *Llan-beblig* en Carnarvonshire.

Per, Pezr : v. **Petr**.

Peran (saint) : Dans la plupart des cas, on a vraisemblablement affaire à saint *Petran*, forme vieille-bret. qui devient en moyen-breton *Pezran* (*Peđran*) et *Peran*. Cependant ce n'est pas sûr.

Saint Peran[1] trève de Painpont (Morb.). *Lo-Peran* en Saint-Malo-des-Trois-Fontaines; *Saint-Perran* (sic) en Plédran;

1. C'est en zone française; on devrait avoir *Pedran* si c'était *Petran*.

Prat sant Peran en Paul ; *saint Péran* en Glomel ; Plounevez-Quintin (C.-du-N.).

CORNWALL : *Peran* (ou *Perran*) Arwarthal ; Perran-Uthno et Perran-Zabulo (Ol. *Mon.*, 422).

Peran = Petran : *Loc Pezran* 1423 ; *Lopéran* 1446, auj. Port-Louis (Morb.) ; cf. *Tribus Petrani* (C. Landev. 51).

Le nom Petran est brittonique ; il apparaît aussi dans le B. Llandav. 168.

Perec (saint), **Saint-Perreuc** : saint Perech (Perec) en Pluneret ; *Loperec*, en 1468 *Locus Petroci* ; en 1576 *Lóc-pezrec*, paroisse du Finistère ; *Lo-paerec* en Treboul (est pour *Loperec*) ; saint Perreux, en 1398 *saint-Perreuc*, appelé aussi *Renac* trève de Saint-Vincent-snr-Out ; *Sancti-Petroci de Tregon* en 1163 (*Anc. Ev.*, IV, 278) ; *Saint-Petreuc* en Plerguer (C.-du-N. de langue française).

CORNWALL : *saint Petroc*, patron de Padstow ; *saint Petrock* ou Petherill minor ; église de saint Petroc près Trevalga.

DEVON : Église dédiée à *s*t *Petrock* à Leigh.

*S*t *Petrock* patron de Brent, et Dartmouth New Church ; St-Petrock, paroisse d'Exeter ; patron de Hollacombe ; patron de Lidford, de Petrockstow ; d'Anstey (Ol., *Mon.*, 449, 444, 445, 447, 448, 450, 452, 442-443-444 ; suppl. 37).

GALLES : *s*t *Petrox* en Pembrokeshire (Rees, *Essay*, 310) ; *Llan-Bedrog* en Carnarvonshire.

Pedrauc aurait été fils de Clemens, chef de *Kernyw* (Cornwall : *Myv. Arch.*, 416, 1).

Pern (saint) : paroisse de l'ancien évêché de Saint-Malo ; Saint-Pern en Langourlay ; *Ker sant Pern* en Saint-Mayeux (C.-du-N.).

Saint-Pern en Prinquiau (*Loire-Inf.*) ; *Lan-bern* en Quimerch.

On a identifié ce nom avec celui de saint Patern, ce qui est purement absurde pour la Bretagne. Le nom de Pern est bien breton ; il y a une pointe de *Pern* à Ouessant. C'est aussi un nom picte ; *Pern* = irlandais *Cern*, victoire = * vieux-celtique *Querno-s* (Whitley Stokes, *On the ling. value of the irish Annals*, p. 108).

Peron ? : *Lam-peron* en Sérignac.

C'est très probablement le patron de *Lan-debaeron*, paroisse des C.-du-N. On trouve *Lan-debazron*, mais c'est une mauvaise graphie pour *Lan-deberon* d'où on aura tiré *Lan-debazron*, d'après l'analogie de *peron* (*paeron*) sortant de *pazron*. *Te-beron* = *To-petron*.

> GALLES : St *Petrwn*, frère de Tyssul, Pedr et Tyrnog (Jones, *Cymru*, II, 401 ; Rees, *Essay*, 211).

Petheloc ? dans *Lam-bezellec* (Fin.).

Le père de Leonorius s'appelait *Beteloc* plus probablement *Pet(h)eloc* (La Borderie, *Hist.*, p. 366).

Petr (saint) devenu *Pezr* en moyen-breton, et *Per* : *Ploubezre* (*e* final est de trop) : on prononce *Plou-ber*.

C'est le patron de plusieurs paroisses bretonnes ; on l'a confondu peut-être avec saint Pierre (*Petrus*).

> GALLES : Il y a un s[t] *Pedr*, frère de Tyssul, impossible également à distinguer de saint Pierre. Il y a plusieurs *Llan-bedr*.

Petran : v. **Peran**.

Petroc : v. **Perec**.

Pever (saint) : en Plésidy (C.-du-N.) ; on prononce *Pever*. Il est possible que Pever soit pour *Bever* à cause de l'influence possible de *t* du *sant* : *sant Bever* sera devenu régulièrement *sant Pever*. La Trinité-Langonnet (Morb.) s'appelait au XVIe siècle, la Trinité de *Bezuer* (cf. gallois *Bedwyr* ? : Pour *t* donnant *d*, cf. *bezo* = *betuo-*.)

Pipo (saint) : en La Feuillée ? (Fin.).

Pleder : v. *Eder*.

Pleguien : v. **Cian**.

Plelo (C.-du-N.) : *Ploe elo* ? cf. *Elwy* dans *Llan-elwy* en Flintshire.

Plerguer : ancien évêché de Dol : le patron serait *Arcar* (La Borderie, *vie de saint Meven*, *vita Maclov.*, I, 1-62 et 103). Je crois que le vrai nom doit être *Aer-car*.

Plerin (C.-du-N.) : v. **Rin**.

Plerneuf (C.-du-N.) : v. **Erneuc**.

Plestan (C.-du-N.) : pour *Ploe-Iestan* ? un Iustan apparaît dans la vita s[ti] Melarii (D. Morice, *Preuves*, I, 225).

Dans la vie de saint Gundleius, apparaît un serviteur du nom de *Istan* = *Iustan*; le nom peut être différent.

Estan a pu exister : *Ker-estan* en Vieux-Marché (C.-du-N.). O'Hanlon, *Lifes*, VII, 29 juillet, cite saint Justan de Lene, du temps de saint Patrice (Mart. de Donegal).

Plestin (C.-du-N.) : *Ploe-Iestin* : en 1163 *Ple-gestin* (*Anc. Ev.*, IV, 278).

GALLES : *Llan-Iestyn* en Carnarvonshire et en Anglesey : v. **Iestin**.

Pleven (C.-du-N.) : v. **Guen** et **Meven**.

Plevin (C.-du-N.) : v. **Ewin**.

Pleuven : v. **Guen**.

Ploeven : v. **Mewen**.

Ploagat-*Moysan*; Plouagat-Châtelandren, Plouegat-Guerrand, autrefois Ploagat-vallon (C.-du-N.). En 1198 *Ploe-adgat* (*Anc. Ev.*, IV, 12) : *Adgat* = **ate-catu-s* : qui renouvelle le combat ?

Ploemel (Morb.) : **Ploeymer** en 1572 : prob. pour *Ploe-emer*, avec *m* spirant ou *Ploe-mer* : **Mer** = gall. *Meir* = *Maria* ?

Ploeren (Morb.) : v. **Meren**.

Plogoff : v. **Gov**.

Plogonnec : v. **Conec**.

Plomelin : v. **Merin**.

Plomodiern : v. **Modiern**.

Plozevet : v. **Demet**.

Plouec et **Plouezec** : *Plohozec*-Goilou en 1184 (*Anc. Ev.*, IV, 9); *Plu-huduc* en 1066-1082 (Chrest. 157).

Le nom *hozec* = cornique *hudic*, *hōdic* dérive de *hōd* (*heuz euz*, en breton), gall. *hawdd*, facile, paisible : même racine que *hedd*, paix.

Plouedern : v. **Edern**.

Plouegat : v. **Ploagat**.

Plouenan : v. **Appendice**.

Plouescat : malgré la forme *Ploeresgat* le nom paraît être *Iezcat* = *Iudcat*. *Ploeresgat* est probablement à corriger en *Ploeiesgat* : v. **Iudcat**.

Plouezoc'h, ancien évêché de Tréguier.

Pour le nom, cf. *Aber-Soc'h*, hameau sur la baie de Saint-Tudwal près Carnarvon.

Plougar : v. **Car**.

Plougasnou : v. **Catnou**.

Plougonvelin : v. **Conmelen**.

Plougonven : v. **Conven**.

Plougoulm : v. **Coulm**.

Plougras : pour **Ploe-groas**.

Plouguiel : v. **Ciel**.

Plouguin (Fin.) ?

Plouha : v. **Ada**.

Plouhinec (Fin. et Morb.) : *Plebs Ithinuc* (Cart. Quimperlé); *Ploe-yzineuc* 1820 (*Chrest.*, p. 136).

Cf. **Trev-Eithinauc** (B. Llandav., 126, 366) en Menechi, Pembrokeshire. Il est très probable que *Ithinuc* = **Eithinoc* signifie *endroit couvert d'ajoncs*, mais cependant ce n'est pas sûr : *Eithin* apparaît comme nom propre dans le B. Llandav, p. 268.

Ploujean (*Plou-iazm*) : sous le vocable de saint Jean ; anciennement **Plo-jehan**.

Ploulan : *Poulan* est en 1468 *Ploe-lan* ; *Guiclan* s'appelle aussi *Ploulan* : la paroisse du monastère ou le monastère de la paroisse.

Ploulech : peut-être pour *Plou-wlech* : cf. *Tref-wlech*, paroisse du Carmarthenshire.

Plou-magoar (cf. Plou-moguer) : paraît signifier *la paroisse de la muraille*. Cependant, cf. *Plwyf magwyr* en Monmouthshire (Myv. arch., 749); Ecclesia de *Magor* en Netherwent (B. Llandav, 322).

Plounerin : v. **Nerin**.

Plouneventer : v. **Neventer**.

Plou-nez (C.-du-N.) : cf. paroisse de *Nedd* (Neath), en Glamorgan. Il est vrai que la valeur du *z* de *Nez* ne m'est pas connue.

Plouray : pour *Plou-wroe* (cf. *Truro* en Cornwall, en 1294 *Trewroe*), ou mieux *Plou-wrai* : cf. *Gwrai* ou *Gwrhai* en Galles (Rees, *Essay*, 231).

Plourhan (C.-du-N.) : pour *Plou-ourhant* : *Ourhant* pour *Gourwant*.

Plourin : v. **Gourin**.

Plourivo (C.-du-N.) : cf. *Lan-rivaux* en Saint-Connec : v. **Rivo**.

Plouvara : v. **Bara**.

Plouvien : v. **Gouien**.

Plouvorn : en 1516 *Ploc-maborn* : cf. *Mawwrn*, en Herefordshire (B. Llandav, p. 162, 373). *Plouvorn* = *Plou-vovorn*.

Plouyé : v. **Ié**.

Plouzevédé appelé aussi *Guitévédé* (*gwic-* -dévédé) : *Guitevedé* désigne aussi spécialement une partie de Plouzévédé, probablement l'ancien bourg : La forme de 1516 est *Ploe-zevode*. Le saint est donc *Devode* = *Devodoe*.

Pluduno (C.-du-N.) : cf. *Llan-dudno*, v. **Tutno**.

Pluguffan : v. **Cuvan**.

Plumaudan : **Maudan** et **Meldan**.

Plumieux : v. **Maeoc**.

Plurien : v. **Rien**.

Plussulien : v. **Sulien**.

Pluzelec en **Plusulien** : v. **Selec**.

Pluzunet (C.-du-N.) ; cf. *Llan-ddunwyd* en Glamorgan : v. **Dunot**.

Potan (saint), paroisse des C.-du-N. en zone française ; saint Pôtan en La-Motte (C.-du N.) ; plus anciennement *Saint Postan*.

Il n'est pas impossible, quoi qu'il n'y ait pas de raison phonétique apparente, que *Postan*, soit pour *Prostan*, nom bien connu : *Loin Prostan* dans le Cart. de Redon (*Chrest.*, 15, 8, note 3).

Cf. *Lan-Brestan* en Ploudalmezeau. *Prost*, en composition, est connu non seulement en Armorique, mais encore en Galles et Cornwall.

Poupaia (sainte) : mère de saint Tutwal. On prononce plutôt *Coupaya*. La terminaison est évidemment littéraire ; mais le nom est ancien et a été répandu chez les Bretons insulaires, comme le montre la forme *Punpeius* des Inscr. chrétiennes de Grande-Bretagne. *Poupaia* a passé par *Pounpaia*.

Preden : *Loc-Preden* en Plouenan (Fin.).

En Galles, *Prydein* non seulement désigne la *Pretania* des anciens, mais est aussi un nom d'homme.

Premel (saint) : patron de *Primelin* (Fin.), *menez sant Premel* (montagne de saint Premel), en Pleuven (Fin.). Le Bréviaire de Quimper a *Primael*. La forme *Premel* tendrait à prouver que *ĭ* est bref dans *Primael* ; la première syllabe n'a rien à voir avec *prim* prompt : on prononce d'ailleurs *Prevel* = *Prĭt-mael* (Soc. arch. Fin., 1899, p. 424).

Prêtre (saint) : en Leuhan (Fin.). Ce nom extraordinaire doit cacher quelque bévue : peut-être *Preder*. On est en effet à Leuhan dans une zone de la haute Cornouaille où l'accent est très intense et où la syllabe finale est extraordinairement réduite.

Primel : v. **Premel**.

Pudic (saint) ? : en Malguenac (Morb.) : mauvaise transcription d'une forme littéraire saint Budic ?

Qu- : v. **C.**, **(K.)**

Ratian (saint) : sanctus Ratianus dans le Cart. de Landev., 22. Comme pour plusieurs saints on a affaire probablement à une double forme : *Rat-gen* et une forme dérivée *Ratian* : cf. *Tutgen* et *Tutian*. *Ratien* a donné son nom à *Larrajen* (C.-du-N.) = *Lan-Ratien* (C. Landevenec, 22).

Riagat (saint) : c'est le saint dont le nom est mutilé dans les anc. Litanies : *sancte Racate*. Son nom est conservé dans le nom de la paroisse de *Treffiagat* (Fin.), au XIVe s. *Tref-riagat*. Il y a une statue de saint Riagat à Treffiagat (Bull. C. D. 1901, p. 117). En Loperec, il y a un village de *Larriegat*. *Riagat* remonte à *Rigo-catu-s* que l'on trouve dans Sidoine Apollinaire sous la forme Riocatus (*Chrest.* 50).

Rial : *Lan-rial* en Plouescat : *Rial*, dans cette zone, ne peut être *Riwal* qui eût donné *Rivoal*. Cf. *Lan-ria* en Pleucadeuc (Morb. français).

Pour *Rial*, cf. *Rialo-brani* dans les Inscr. Chrét. de Grande-Bretagne.

Riaval : *Moustaer-Riaval* en Malguénac (Morb.) v. (*Chrest.* 228). Il est possible que le *Rawale* des anc. Lit. soit pour *Riavale* comme *Racate* pour *Riacate*.

Riec (saint) : sant Rioc (C. Landev, 21) ; *Lan-Rioc* (ibid.), auj. *Lan-riec*, paroisse ; *Riec* autre paroisse près Quimperlé ; *Lan-riec*, village en Pouldergat ; *saint Rieux* (*Rieu* = *Rieuc*) en

Henanbihen, *saint Rieul* pour *saint Rieu* (en 1516, *saint Rieux anc. Ev.*, IV, p. 425) en Saint-Cast (C.-du-N. de langue française). Ce saint a donné son nom à Roz-Landrieux (Ille-et-Vil.); en 1190, *Roz-Landrioc* (de Corson, *Pouillé*, IV, p. 710) : *Landrioc* = *Lann-rioc*.

Suivant une légende, saint Rioc était le fils d'Elorn qui a donné son nom au fleuve de ce nom (Bull. C. D. 1902, 199.

Ce qui est plus intéressant, c'est qu'il y a un *saint Rioch*, Breton insulaire, parent de saint Patrice (O'Hanlon, VIII, août).

En Cornwall, il y avait, d'après le Domesday Book, un manoir de *Tre-rihoc*. *Rioc* = *Rigăco-s* : c'est un dérivé de *rīg-*, roi.

Rien : *Plu-rien* (C.-du-N.) : Ecclesia de *S*^to^ *Rihen* en 1181 (*Anc. Ev.*, II, p. 136); *Lan-rien* en Landudec. On pourrait supposer que *Rien* est pour *Riven*, mais outre que ce n'est pas sûr, il y a un nom de saint en Galles qui répond exactement à Rien : c'est *Riain*, dans *Llan-Riain* et Pembrokeshire (Myv. arch., 746); on trouve aussi la forme *Llan-rian*; d'ailleurs *Rien* peut être pour *Rian*.

Rigan : *Lan-rigan* dans l'ancien évêché de Saint-Malo. Cf. *Bod-rigan* en Cornwall (Oliv. *Mon.*, Suppl. 6).

Rigan suppose *Ri-can* en vieux breton.

Rimael : Ploe-rimael, auj. *Plonivel* (*Chrest.*, 225).

Rin : *Plourin*, paroisse du Fin.; cf. *Plerin*; *Lan-rin* en Mahalon.

Rin signifie *vertu*, *secret*, mais il n'est pas impossible qu'on ait affaire à un nom d'homme et même de saint.

Rinou ? dans *Lan-rinou* en Pencran : dérivé de *Rin* ou composé : *Ri-gnou* ?

Rion (saint) : île Saint-Rion en Plourivo (C.-du-N.), saint Rion en Paimpol. Cf. *Tref-Rion* en Towyn Merioneth (Jones, *Cymru*, II, 545).

Riour (saint), frère de *Rivanon*, mère de saint Hervé, a donné son nom à *Lan-rioul* (par dissimilation pour *Lan-riour*) en Plouzévédé : c'est *Lanna Rigurii* dans la vie du saint (Albert-le-Grand, *Vies des saints*, p. 242; vita Hervei, Soc. Emul. C.-du-N. 1891, p. 228). Pour le nom, cf. *Ri-uur* (*Chrest.*, p. 160).

Ritian, Rijen (saint) : *sant Drigent* en Crozon, pour *sand*

Rijen (cf. *Sandrenan* pour *sant Renan*); *Lan Ritian* (Cart. Landev., 16). Pour le nom, cf. *Ritgen* (*Chrest.*, 161). Il y a *Ritgen* et *Ritgent*. La forme *Ritian* est un dérivé.

La forme avec *To-* se retrouve dans le *saint Herijen* de Penvenan (C.-du-N.) : il faut évidemment lire *sant Terijen*.

Galles : **Llan-ridian** en Glamorgan ; ce saint appartenait à la congrégation de saint Cenydd (Rees, *Essay*, 309).

Rivain : v. **Riwen**.

Rivalain : v. **Riwallon**.

Rivannon (sainte) : mère de saint Hervé.

Riwal (saint) : saint Rivoal, patron de Trezelan en Bégard (Le Braz, *Les saints bretons*, *Ann. de Bret.*, VIII, p. 225-226) ; *Saint-Rivoal*, paroisse du Fin.

Riwallon (saint) : Saint Rivalain en Melrand (Morb.).

Galles : Rhiwallon, fils d'Urien, honoré comme saint (*Iolo mss.*, 153).

Rivinen : *Lan-rivinen*, famille noble (de Courcy; *Nobil.*) : *Rivinen* est pour *Rivilen* (*Chrest.* 158).

Riwalatr (saint) : *sanctus Rigualadrus* (Cart. Landev., 124) : auj. *Trelivalaire* (*Chrest.* 207).

Riware (saint) : frère de Rivannon et oncle de saint Hervé ; a donné son nom à *Lan-Rivoare* (Tribus *Lan Riuuoroe* dans le cart. de Landev. : *Chrest.* 160).

Riwalt : *Lan-rivault* en Saint-Connec (C.-du-N. : Inv. somm., n° 2617).

Riwen : *Lan-ruen* en Erquy (il y a échange continuel en *-riŵ* et *rü-* : cf. *Rivalan* et *Ruellan*) ; *Lan-ruen* en la Chapelle-Saint-Melaine (Ille-et-Vil.) ; *Lan-rivain* (C.-du-N.), en Lanloup ; cf. *Ros Riuuen* (Cart. Landev., 18) : v. *Chrest.* 228, M. Tempier le savant archiviste des Côtes-du-Nord m'apprend que *Lan-rivain* est en 1695 Larriven, en 1720-33 Lanriven.

Riwole : *Lan-Riuuole* (Cart. Landev., 39) : cf. *Kaer-Riolae* (*Chrest.*, 228).

Rodec : *Lan-rodec*, paroisse ; *Croas Rodoc* en Saint-Ségal (Fin.).

Ronan, Renan (saint) : Saint-Renan, par. : Ecclesia *sancti Ronani* (*Cart. Landev.* 138). Locronan près Quimper ; *Locor-*

nan (*Locrnan* = *Locrenan*) en Plounevez-Porzay ; *Locornan* en Pluguffan ; Saint-Drenan (sand Renan) en Persquen (Morb.). Prat *saint Reunan* en Plounevez-Porzay.

Saint Ronan est invoqué dans les litanies de Dunkeld (Haddan and Stubles, *Councils and eccl. Doc.* II, Part I, p. 280).

Rumel (saint), en Plémet (C.-du-N. de langue française) ; v. **Run**.

Rumon (saint), patron d'Audierne : église de saint Rumon en 1633 (Bull. C. D. 1902, 184). Le nom est sous une forme littéraire et archaïque. *Saint-Jean-Trolimon*, Fin., était anc. *Treff Rumon* (Soc. arch. Fin. 1904, p. 22).

> CORNWALL : saint Rumon a donné son nom à Ruan-Lanyhorne (dédiée à saint Rumon), à *Ruan major* et *Ruan minor* (Oliv., *Mon.*, 442). *Ruan* représente *Ruvon* en cornique.
>
> DEVON : saint Rumon est patron de *Rumonsleigh* (Oliv., *Mon.*, 452).
>
> GALLES : *Rhufawn* = *Rumawn* = **Rōmānus* est donné comme saint dans les *Iolo mss.*, 122, qui, il est vrai, n'ont guère d'autorité. Un des fils du célèbre Cunedda, Rumaun a donné son nom au district de *Rhufoniog* en Galles.

Run : *Lan-run* en La Malhoure (C.-du-N.). Le nom est bien breton : il y a un colon du nom de Run en Pleucadeuc, en 834 (Cart. Redon, p. 16).

Saint-Rumel, en Plemet, peut être pour *Run-mael*.

> GALLES : Rhun est honoré à Langorse Pool en Brecknockshire (Rees, *Essay*, 145 ; cf. *Myv. Arch.*, 429, 1) ; à Ystumllwynarch d'après les *Iolo mss.*, p. 139.

Par suite d'une prononciation particulière, ce nom a été, en Galles, confondu avec celui de *Rhein* (prononcé *Rhȳn*).

Salomon (saint) : en Guern (prononcé *sant Selaŭen*, ct. vieux-breton *Salamun*, auj. *Salaun*), en Langoelan (Morb.).

Salot ? *Lan-salot* en Saint-Pol-de-Léon : il y a à se défier de cette graphie. Cf. *Lansalloes* en Cornwall (Oliv., *Mon.*, 440) pour *Lan-saloet*.

Samson (saint) : a donné son nom à plusieurs paroisses et chapelles. Ce qu'il y a de surprenant, c'est qu'il n'est honoré sous son nom breton que dans deux endroits : *Samzun* = *Samsõnem*, en Locmaria-Belle-île, et *Loc-samzun* en Melrand : *Samzun* a ici échappé, parce qu'on ignore que c'est la représentation exacte de Samson.

CORNWALL : *St-Sampson's*, paroisse.

GALLES : v. Rees, *Essay*, 228, 253.

Sané (saint) en Camors (Morb.); *Plou-sané* en Léon.

Saudien (saint) : en Muzillac (Morb.).

Ségal (saint), paroisse du Fin. : pour *Saint-Segar*, en 1468, dans le cart. de Quimper, *St-Sengar*. *Sengar* est probablement le saint dont le nom hypocoristique est *Senán* en Irlande. Il n'est pas du tout sûr que ce soit le saint qui a donné son nom à *Llan-sannan*, en Galles (Donbighshire): v. **Senan.**

Seglin (saint), ancien évêché de Saint-Malo : en 1032. Eccl. *sancti Siginnini* (Pouillé, VI) ? *Segnin* a pu donner *Seglin*, ce qui ne nous avance guère.

Seguo (saint) : v. **Seo.**

Selec : *Pluzelec* en Plussulien (C.-du-N.) ? cf. *Sellack* (= *Seloc*) en Cornwall.

Sélédin ? Chapelle en Plusulien.

Seleven (saint) : en Caudan (Morb.) : v. **Salomon.**

Selin : v. **Silin.**

Senan (saint) : calendrier de Tréguier : Fr. *Senani*, 6 mars.

CORNWALL : *Sennen*, anc. *sanctus Senanus*.

GALLES : Senan est un des maîtres de sainte Winifred (Rees, *Essay*, p. 321). Le nom est différent de *Sannan* dans *Llansannan* en Denbigh.

Senoux (saint) : paroisse de l'ancien évêché de Saint-Malo. Il faudrait des formes plus anciennes pour en parler. On trouve cependant *St Senour* : cf. *Llan-sannwr* en Glamorgan et *Sennor* en Cornwall. *Senour* est probablement le saint dont on trouve le nom latinisé : *St Senatoris* (xe siècle).

Senny : v. **Sezny.**

Seo (saint) : c'est sûrement la vraie forme du nom de *sainte Sève* : *sent Seguo* (*Sewo*) est un des trois domaines de Saint-Tudwal justement en *sainte Sève* (La Borderie, *Les trois anc. vies de saint Tutwal*, p. 64 ; cf. Soc. arch. du Fin. 1876.

Cf. *Lan-zeo*, village en Plougonver (C.-du-N.).

CORNWALL : *Landsev* (*Lan-sev*) est un manoir figurant dans le Domesday Book.

C'est le même nom que le suivant *Seoc* avec un suffixe de dérivation.

Seoc (saint) : en zone actuellement française **Saint-Sieu** : *Lancieux* (C.-du-N.), au XVIe s., *Lan-siu* ; Ecclesia *sancti Seoci* en 1166 (*Anc. Ev.*, IV, 278). C'est un dérivé de *Seo* : *Seoc* = *Sewoc*.

Avec le préfixe *to-*, on a *To-seoc* : *Toseocus* est un des saints compagnons de saint Paul Aurélien. Le nom se retrouve dans *Lan-dezeoc* en Guipronvel (Fin.).

Serecin (saint) : *sancte Serecine* apparaît dans les anciennes Litanies (Revue Celt. 1890, p. 149).

C'est probablement le nom qui se trouve dans *Lan-gereguin* (*jeregin* pour *Seregin*) en Plomeur, si ce village est ancien. Le *Ros serechin* du cart. de Landevennec 10 est douteux : *i* peut être bref, et dans ce cas, *Serechin* représenterait le breton actuel *Seregen*, bardane, glouteron.

Serv (saint) : mieux *Sant-Serw* : *Lancerf*[1], en 1271, *Lanserff* en Plourivo (*Anc. Ev.*, IV, p. 189) : saint Serve en saint Agathon. La graphie *serff* rappelle *derff* pour *derw*, chêne, *carff* pour *carw*, cerf. Cf. *Roserf* en Trégondern près Morlaix (Bull. C. D. 1901, p. 86). *Serw*, en Galles, est frère de Petroc et Gundleius (Rees, *Lives*, 22).

Saint Serf a sa fête le 20 avril. A Monkege en Écosse, aujourd'hui *Keith-Hale*, il y avait un autel de *s[t] Serwe*.

Servan (saint) : *Saint-Servan* (Ille-et-Vil.) ; Saint-Servan (Morb.).

Ce saint a été confondu avec saint Servais (abbé Campion, *Annales de Bret.*). Mais il y a eu sûrement un saint national de ce nom. *Servan* (mieux *Serwan*) est un dérivé de *Serw*.

Servan est patron de Creich et Dysart Monivard, en Perthshire. V. **Serv**.

Servel : *Lan-servel* en Servel, paroisse des C.-du-N. ; *Lanservel* en Pleumeur-Bodou. On trouve *Selvel* pour *Seruel*. Si

1. Forme du XVIIIe s., m'apprend M. Tempier.

le *v* de *Servel* représente *w*, cf. Seruuel fils d'Ysai, fils de Keredic (*Archiv*, III, p. 98).

Sever (saint)? commune des C.-du-N. : peut-être est-ce la forme composé de *Sew* : * *Sewo-maro-s* : v. **Seo**.

Sezny (saint), **Senny** (saint) : Guisseny (Fin.), en 1516. *Ploe-sezny* ; *Lossefny* (*Lossesny*) en Loguivy-Plougras ; *Saint-Seny* en Kernilis ; cf. *Trezeny* (C.-du-N.). *Guisseny* en Bouvron (Loire-Inf.).

> CORNWALL : *Sithney*, paroisse à laquelle on a donné comme patron un *saint Siduinus* ou *Sithuinus* qu'on a saxonisé ; *Bosithney* (*Bot-Sithney*) a été fondu avec Tintagel (Oliv., *Mon.* 442).

Il y a, en Galles, une paroisse de *Senny* en Devynnog, Brecknockshire : le nom est différent.

D'après la légende, *saint Sezny* serait irlandais.

Silin : apparaît dans le cart. de Landevennec 43 : dimidiam partem *Silin guenn* ; cette expression est à rapprocher de *Noyal-guen*, désignant *sainte Noyale* et semble indiquer un saint Silin. Dans le même cartul., 11, on trouve *Ti Ritoch Hansilin* ; je suppose que *Han-silin* est pour *Lan-silin*, à moins que ce ne soit une abréviation de *Hanter*, ce qui correspondrait à dimidiam partem *Silin guenn*.

Le *Hæ silin* du n° 43 est vraisemblablement une mauvaise lecture.

> GALLES : *Llan-silin* en Denbigshire, confondu à tort avec Sulien.

Solenne (saint) : ancien évêché de Dol (*e* final est de trop). Cf., saint Solonius, compagnon de Palladius, en Wicklow (O'Hanlon, VIII, p. 294).

Sonett : *Lan-sonett* (Cart. Landev. 19) : Cf. *Lan-solet* ? en Plougasnou.

Sterlin (saint) en Kervignac (Morb.). Il doit y avoir une faute de transcription.

Sul (saint) : *Lan-zul vras* et *vihan* en Brélidy : peut-être mal compris pour *Lan-dezul* : cf. *Tyssul* en Galles : *Llandyssul* en Cardiganshire et Montgomeryshire (Rees, *Essay*, 209 : fête le 31 janvier) : v. **Appendice**.

Sula (saint) : en Plomodiern : on prononce *Suliau*.

Sulan (saint) en Caudan (Morb.) : probablement saint *Sul* avec un suffixe de dérivation. Cf. *Bossulan*, trêve de Bannalec (Bul. C. D. 1902, p. 277).

Sulian et **Sulien** (saint) : *Lan-Sulien* en Fouesnant, Cleden (Soc. arch. Fin. 1883, 468, 434). Plussulien, en 1468, Ploesulian; *Lan-sulien*, famille noble (de Courcy, *Nobil.*); Lossulien en Releq-Kerhuon; saint Sulian (*Anc. Év.*, III, 1164). *Saint-Sullien*, fief s'étendant en plusieurs paroisses des Côtes-du-Nord; *Sulien* en Trébry.

Cornwall : *Luxulien* et *Luxulyan*, paroisse (Oliv., *Mon.*, 44);

Galles : *Eglwys Sulien* en Cardiganshire (Rees, *Essay*, 220).

Suliaw (saint) : Saint-Suliac (Ille-et-Vil.) : en zone française : on prononce *saint Sulia* ou *Selia* : en 1256 *S*[t] *Selya* (*Anc.* Év., III, 98, 119); on trouve en 1156 Ecclesia *sancti Suliani*, mal lu pour *Suliaui* (ibid., VI, 120). *Saint Suliau* est patron de Sizun (Fin.).

Ce saint a été confondu avec le précédent plus d'une fois.

C'est le même saint que le saint gallois *Ty-silio*; cinq paroisses lui doivent leur nom, et il est honoré dans quelques autres. Il apparaît avec le nom de *Silio* (*Suliaw*) dans *Llan-silio* en Herefordshire (Rees, *Essay*, 278). *Tysilio* = * *To-suliaw*.

Suliou (saint) : *goarem Sant-Suliou* et Dineault : var. de *Suliaw*.

Sypher (saint) en Inzinzac (Morb.)?

Taballae : v. **Palay**.

Tadec (saint) : contemporain de saint Jaoua (Albert-le-Grand, *Vies*, p. 53).

Taiacus, **Teiacus** (saint) dans le cart. de Quimperlé, 124 : a donné son nom à Lothea : v. **Lothea**.

Tallan (saint) : *sanctus Tallanus* en Cornwall, patron de Talland (Oliv., *Mon.*, 443). Peut-être ce saint est-il réellement le même saint que notre *sant Alan*.

Talouarn : de *saint Dalouarn*, capitaine à Concarneau en 1395, d'après Tresvaux, *Vies*, I; cf. **Alhouarn**.

Galles : *s*[t] *Talhaearn*, de la confrérie de Cattwg (Rees, *Essay*, 168) : *Llanfair Talhaiarn* en Denbighshire.

Tangi (saint) : écrit *Tanguy*, frère de s^te^ Haude (*s^te^ Alt* ?), d'après la légende (Albert-le-Grand, *Vies*).

Tanouarn (saint), chap. en Peumerit (Soc. arch. Fin. 1903, p. 167).

Tanuoud (saint) : dans le cart. de Landev., 16.

Taran (saint). Les paysans, m'écrit mon ami M. Fr. Vallée, appellent *sant Aran*, le dieu au maillet du Rillan, village près de Plaintel, à gauche sur la route qui va de Saint-Brieuc à Quintin. M. Trévédy a publié une brochure sur ce dieu du tonnerre.

Dans d'autres endroits, notamment en Tredrez on a tiré de *Santaran* un saint Haran. Comme *taran* signifie tonnerre et que le dieu au maillet personnifie *Taranus*, il n'y a guère de doute que nous n'ayons une fois de plus l'intrusion d'un dieu payen dans le ciel chrétien.

La prononciation, dit-on, hésite entre *sant Aran* ou *sant Aron*.

Or à Molènes, *Aroun* signifie bruit, tapage, d'après ce que m'apprend M. Cuillandre, étudiant à la Faculté des Lettres de Rennes et originaire de cette île : v. **Appendice** à **Haran**.

Tariec (saint) : chapelle abandonnée près de Lannilis (Tresvaux, *Vies*, I) : probablement pour *Dariec* par *sant* : *sant Dariec* a amené *Santariec*. Or, *Darioc* est une sœur de saint Patrice.

Tavayoc (saint) : chapelle en Landéda, existant en 1630 (Soc. arch. Fin., 1904, p. 311) : v. **Maeoc**.

Tebia : *Lan-debia*, ancien évêché de Dol.

> GALLES : *Llan-dybie* ou *Llan-dybieu* en Carmarthenshire ; *Llan-debea* (Owen, *Pembrokeshire*, I, 65). *Tybieu* serait un fils de Brychan.

Teda : *Lan-deda*, paroisse du Léon.

> GALLES : *sainte Tydeu* honoré à Capell Ogwr en Glamorgan (Rees, *Essay*, 149 l'appelle *Tydie* ; c'est *Tydeu* dans les *Iolo mss.*, 120).

Pour le nom, cf. *Tedei* presbyter (Cart. Red. 70. en 860-861).

Teffredeuc (saint) : *sent Defridec* en XIIe s. ; *saint Teffredeuc* ou *saint Effredeuc* au XIVe s., auj. saint Evarzec, Fin. ; *Chrest.* 282).

GALLES : saint Tyfrydog a fondé *Llan-dyfrydog* en Anglesey (Rees, *Essay*, 276).

Tegarec (saint) : v. **Hegarec.**

Tegonnec (saint), paroisse; porte le nom d'un saint compagnon de saint Paul de Léon (*Quonoc* quem aliis sub additamento more gentis transmarinae *Toquonocum* vocant); Saint-Tegonnec en Guerlesquin; *saint-Tegonnec* chapelle en **Plogonnec** : chapelle de saint Egonnec à Lesconnec en Plouneour-Trez (Soc. arch. Fin. 1905, p. 192); v. **Connoc.**

Teguennoc : v. **Guenole** (Locus sancti *Uuingualoei* qui vocatur *Lan-teuuennoc*, cart. *Landev.* 369.

Teguezenoc : v. **Guethenoc.**

Tei : v. **Dei, Lothey.**

Teliaw (saint) et **Eliaw** : **Ple-deliau** auj. *Pledeliac*[1] (*Anc. Ev.*, III, 52 en 1219) : *Landeliau* en Plevin (C.-du-N.); saint Thelo, en 1181 *san Theliaut* (*Anc. Év.*, VI, 141); *saint Eliau*[2] en Bubry (Morb.); *Landeleau*, paroisse du Fin.; statue de saint Teleau sur un cerf (Bull. C. D. 1901, p. 117). En Landeleau dolmen dit *Ty Sant Heleau* (Ep. préh., p. 177).

Dans cette paroisse, Goarem sant Elau, Gueen sant Elau (arbre de saint Elau); Parc *sant Elau* bras et bihan. Il semble qu'il y ait eu ici confusion entre deux saints peut-être différents : *Landeloi* (cart. Coris. 1396; Bull. C. D. 154); Ecclesia *sancti Deleui* (ibid. 1220); *Lan-teleau* 1368 (*Chrest.* 232); cf. *Llan-elyw* en Pembrokeshire; *Llan-elwy* en Denbigshire; *Llan-dylwyf*, qui est bien près de *Lan-deloi*, en Pembrokeshire (Rees, *Essay*, 348).

En revanche *saint Hilio* en Saint-Pabu doit être lu *Tilio* pour *Telio*.

GALLES : Le Book of Llandav ne donne pas moins de 25 *Lan-Teliau*, plus tard *Llan-deilo*.

Pour la vie de saint Eliau et ses noms, v. J. Loth, Annal. Bret., IX, X.

Tenenan (saint) : v. **Nenan.** Il est parlé dans le cart. de Quimperlé, p. 46, des reliquiae *sancti Tenennani*. C'est un saint

1. *Pledelia* à la fin du XIIe s. (*Anc. Év.*, VI, 144).

2. Cf. *villa Eliau* (*B. Llandav*), 227, Trev Eliau (ibid. 255 à 257); cart. Quimperlé 216 : terra Numenoe filii *Eleau*.

gallois né à *Vallis æquorea* qui est très probablement *ystrad Dwr* (Istratour) en Ewyas.

Saint Tenenan est devenu *saint Telenan* en 1415 en Languidic (Morb.), en 1451 saint Enenan (Tenenan), en 1385 saint Elenan et est aujourd'hui saint Eleran ! Le cal. de Tréguier porte au 16 juillet *Tenennarii* ep.

Te-nenan est composé et remonte à *To-nenan* [1]. Pour s[ti] Toinani (monasterium) dans le cart. de Redon, p. 223 en 913, il faut lire *Toninani*.

Teno (saint), en Guénin (Morb.); cf. *Lan-deno* en Corlay.

Galles : *Tenew* ou *Toneu*, mère de saint Kentigern (Metcalfe, *Lives of the Scottish saints*, I, p. 12; p. 100, *Thanoy*.

Teo (saint) : *Saint-Theo* en Plouguenast (C.-du-N.) : v. **Eo.**

Terethianus (sanctus) dans le cart. Quimperlé, 124; ce nom se retrouve comme nom de baptême dans un acte de 1581 : *Therezien* Thomas; *Therezien* Boursul (Inv. somm. des C.-du-N., n° 256).

C'est probablement le *To-rithgen* et *To-rithien* du cart. de Redon (*Chrest.* 168, note 2); le *To-rithian* du Bodmin Gospel.

Terethian = *To-reithian* : La forme complète est *Reithgen* = *Rectu geno-s*.

Telemer (saint) : écrit *Saint-Thelemer*, ancien évêché de Saint-Malo.

Terijen : v. **Terethian.**

Ternan (saint) : St Ernan en Bubry (Morb.), cf. saint Ternan (Metcalfe, *Lives of the Scott. saints*, I, XXXII).

Ternoc (saint) et **Terneo** ? :

Les reliques de saint Ternoc sont à Tregarantec [2]. Tresveaux (*Vies*, I), nous parle, d'après le Bréviaire de Léon, du culte *s[ti] Ternoci* : c'est probablement le nom que contient *Pedernec*, paroisse de l'ancien évêché de Tréguier, plus anciennement *Podernec* (C. Redon 559).

Galles : *Llan-dyrnog* en Denbighshire.

Somerset : *Ternoc*, d'après le Domesday Book.

1. Il y a un témoin du nom de *Nennan* en Siz dans le cart. de Redon, p. 3, en 834.

2. Sur les reliques on lit : *sancte Ternoce* ora pro nobis (Albert-le-Grand), *Vies*, 313.

Ternoc serait le patron de *Lan-derneau* (prononcez *Lan-derné*) : dans ce cas, le suffixe serait différent : *Ternoc* = *Ternāco-s* et *Ternew* = *Ternouio-s* (cf. *Kerné*, *Kerneo* =*Cornouia*).

Pour *Terné*, cf. *Parc Landerne* en Bodilis.

On a prétendu que *Tenenan* et *Ternoc* désigneraient un seul et même saint : rien ne le prouve. Il est très probable qu'on a mêlé et confondu diverses légendes. Il me paraît sûr en comparant *Ernoc* (Erneuc) et *Ternoc* qu'on est en présence du saint irlandais *T-Ernóc* (*Martyr. of Oengus*, p. 68).

Tenenan a été également confondu avec *Terenan* (*Torannan* ferreolus) qui est devenu *Ternan* (*Martyr. Oengus* 149, note 6; cf. Bellesheim, *Geschichte der Kath. Kirche im Schottland*, I, p. 20).

Il y a en Landerneau un *saint Ernel* dont le nom a dû être fait sur *Terné*.

Si Tenenan n'était attesté par des formes anciennes, on aurait pu supposer une évolution de *Terenan*.

Tergat (saint) : a donné son nom à Pouldergat, en 1255 *Ploe-Tergat* (Soc. arch. Fin. 1905, p. 332) : peut être le même saint que *Ergat*, avec préfixe *to-*, mais c'est très douteux.

Tethwiw (saint) : c'est un saint de Redon (Cart. 420) : le nom dans ce document assez récent est mal écrit : il y est parlé des reliques de *s*[ti] *Thetvii*.

La forme sincère est sûrement *Teth-wiw* (*Chrest.*, 167).

Tevé (saint) : aujourd'hui Saint-Avé (Morbihan). En 1330 *Sentevé* (Longnon, *Pouillé*, p. 314).

Galles : **Tyfei** a donné son nom à la paroisse de *Lamphey* en Pembrokeshire, du temps de Giraldus Cambrensis *Lan-tefei*; il a une chapelle aussi auprès de Llandeilo Fawr : *Llan-dyfei sant*. Il est enterré à Penaly en Pembrokeshire (Rees, *Essay*, 252).

Il y a dans le livre de Llandav un *Lan-Tivei* consacré au même saint (p. 312) que les auteurs identifient avec *Lampbei*, en Glamorgan, peut-être par erreur.

Tiern : v. **Lantiern**.

Tiernmail (saint) : Anc. Litanies : *sancte Tiarmaile* : c'est le *Tigernomaglus* de la vie de saint Paul Aurélien (*Chrest.*, p. 100).

Tezeoc (saint) : v. **Seoc.**

Ticiawa (sancta) : Anc. Lit. : lire *Titiawa*. *Titiaw* a donné son nom à Saint-Igeaux (lire Saint-Tijo). *Titiaw* représente *to* + *Itiaw* : *Itiaw* se retrouve dans Saint-Gilles-Plijeau : Pligeau = *Ploc-Itiaw*.

Tinidic : v. **Ginidic.**

Tinidor (saint) : ce saint ne ferait qu'un, d'après certains hagiographes, avec *Tenenan*. Dans la vie de ce dernier, il est dit qu'à trois lieues environ en amont de l'embouchure de l'Elorn, il fonda un monastère du nom de *Lan-Tinidor*, sur l'emplacement de la ville actuelle de Landerneau (La Borderie, *Histoire*, I, p. 496).

Il n'est pas sûr du tout que *Tinidor* soit un des noms de Tenenan : il a pu donner à sa *Lann* le nom d'un autre saint. Ce qui le confirme, c'est l'existence en Cornwall, de s[t] *Enoder* : *Eglos Enuder* dans le Domesday Book; Ecclesia *Enodour* au XIIIe siècle (Ol., *Mon.*, 462).

Ce serait un saint irlandais mort en Cornwall (ibid. *Suppl.* 37). Il me paraît vraiment difficile de séparer les deux noms; la forme *Tinidor* n'est pas ancienne ni bien sûre. On peut supposer à la rigueur un plus ancien *T-enedor* ou *T-inidor*.

Tivijen dans **Lan-divijen**, chapelle en Edern : = * *Towidgen*.

Tiviziau (saint) : *Lan-diviziau*, paroisse du Léon; *saint Tiviziau* dans la paroisse même; *Thivisiau bian* et *bras* en *Landivisiau*.

Rien de plus absurde que les dissertations faites sur ce saint, qu'on a confondu même avec saint Turiaw, v. **Guiziau.**

Toes (saint) : *Saint-Thoix*, paroisse du Fin.; en 1468 *sainc Toes* : on prononce *santoəs* avec un *e* très réduit.

Tofac (saint) : *saint Aufac* en Languidic : en 1501 saint Offac. Ce nom ne m'inspirait aucune confiance lorsque je constatai que l'île de Saint-Jacut (Saint-Jacut-de-la-Mer) s'appelait *Lan-doac* (monasterium *Lan-doac*) pour *Lan-toac* : *Toac* a sûrement perdu une consonne *f* ou *v*.

Le document où il est question de *Landoac* est du XIIe siècle (La Borderie, *Histoire*, I, p. 568); à ma connaissance, il n'y a rien sur ce saint.

Tohou (saint) ou **Saint-Ohou** en Primelin (Soc. arch. Fin. 1899, p. 429).

Tois : v. **Toes**.

Tomin (saint) : écrit *Thomin* en Nostang (Morb.) ?

Tonan : v. **Donan**.

Tonoy ? *Lan-donoy* en Ploumoguer ; cf. *Tonwy*, femme de Dingad et mère de saint Lleuddad (Rees, *Essay*, 274).

Touezec (saint) : a donné son nom à *Lan-douezec* en Plounez (C.-du-N.), où il avait sa chapelle[1]. C'est le *To-urdocus* de la vie de Paul Aurélien : v. **Goueznou**.

Toui (saint) : monasterium *sent vel sint Thovi* (cart. de Red., 366, 371). Je crois qu'il faut lire *saint Howi* : cf. *s^t Huui* de Lan Cwm en Monmonthshire (B. Llandav, 274).

Touzan : *Lan-douzan* trève de la paroisse du Drenec. *Lan-douzan* est identique à *Lan-dwythan* en Cornwall (de Gray-Birch, *Chart. saxon.*, II, p. 277, en 905). Ce *Touethan*, *Twythan* n'est pas autrement connu. (Pour *ou* = *oue* breton, cf. *out*, tu es, gall. **wyt**.)

Touredec (saint) : v. **Gouredec**.

Treger : est le nom d'un pays de Cornwall et de Bretagne ; *Lan-dreger* (Tréguier) est le monastère bien connu de saint Tutwall.

J'en parle, à cause de *Lan-dreger vian* de Tredarzec et du *Lan-dreger* (écrit *Lan-dreguer*) de Theix (Morb.).

Trehan (saint) en Radenac (Morb. de langue française) ; *saint Treben* en Meslan (zone bretonnante).

Tremeur (saint) : *sancte Trechmore* dans la vie de saint Gildas et aussi dans la vie de saint Lunaire (Dom Lobineau *Vies*, p. 78). C'est un breton armoricain. Il est honoré à Bubry, Pluvigner (Morb.) ; à Langoat, Saint-Clet (C.-du-N.) ; à Guerlesquin (*saint Tremeur*). C'est lui qui est honoré sous le nom de *sant Treveul*, pour *Treveur*, forme régulière de *Trechmör*, en Cavan (C.-du-N.).

Son culte est associé à celui de *sainte Trefine* ou *Triphyne*, sa mère.

1. M. Tempier m'écrit que le village et la fontaine de *Lan-douezec* ainsi que la chapelle dépendaient de la seigneurie de *Lanserff* (Inv. somm. II, E 2259-2264).

Trevarn (saint) en Dirinon : v. **Baharn**. Il est probable que le saint est saint Baharn, honoré justement à *Trevarn* (= *Trev-vaharn*) en Saint-Urbain (Acte de fondation de Daoulas, Bull. Soc. arch. Fin. 1904, p. 217).

Trillac (saint) en Tremuson (C.-du-N.).

Ce nom est sûrement déformé. Il est possible que *Trillac* représente *Trilla* = *Trillaw* (cf. *Turial* = *Urial* = *Turiâw*). En Galles, *Trillo* (*Trillaw*) a donné son nom à *Llan-drillo* en Dembigshire.

Trimoël (saint) : paroisse (C.-du-N.); peut-être pour *Ri-moel*; il est possible que *Ri-moel* ait dû son *l* à une erreur, comme *saint Thurial* et que comme *Turial* est pour *Turia*, *Rimoel* soit pour *Ri-moe* représentant *Ri-moet*, nom bien brittonique : une inscription sur pierre du IXe siècle à Plumergat porte *Rimoete* (*Chrest.*, p. 84). *Trimoet* pourrait aller aussi. A la rigueur *Trimoël* peut se défendre, quoique *-moel* (chauve) soit ici assez extraordinaire.

Triphyne (sainte) : v. **Tremeur**.

Truchau (saint) en Pont-Scorff (Morb.).

Tual (saint) : v. **Tutwal**.

Tuder : *Lan-duder*, paroisse des C.-du-N. ; *Tre-duder* paroisse de l'évêché de Tréguier.

> GALLES : s^t *Tudyr* est patron de Darowain en Montgomeryshire. Mynydd Islwyn en Monmouthshire lui est dédiée (Rees, *Essay*, 276).

Pour le nom, cf. Ros Tuder dans le cart. de Landevenec, 12. La forme vieille-galloise sincère paraît être *Tutir* (B. Llandav, 143) : c'est exactement notre *Tuder*.

Tudec (saint), en Poullaouen (Fin.) ; *Lan-dudec*, paroisse. Le diminutif *Tutocan* apparaît dans *Lan-Tutocan* (cart. Landev., 19). Cf. *Tref Tudoc* (ibid., 48).

> GALLES : *Tudwg* sant : église en Glamorgan (*Iolo mss.*, 107) c'est-à-dire *Llan-dudwg*.

Tudès (saint) : *saint Thudès* en Plouedern (Fin.) (Soc. arch. Fin. 1604, p. 228).

Tudguenn : v. **Tutwen**.

Tudi : saint Tudy en Groix ; *Loc-tudy*, *ile Tudy* près Quimper (cart. Landev., 50, monasterium de s^t *Tudi*) ; *Loctudy* à

Palais en Belle-Ile, *Lotudy* en Groix, *Port-Tudy* dans la même ile; *saint Thudy* en Ploesal.

CORNWALL : *s*[t] *Tudy*, paroisse.

Tudnou : v. **Tutnou.**

Tudon (saint), honoré à Guipavas; père de saint Gouesnou (Soc. arch. Fin. 1894, p. 233).

Tudwal : v. **Tutwal; Tugdual** : v. **Tutwal.**

Tunvez : sainte Thunvez serait patronne de l'ancienne église de Kerity; *Lan-dunvez* en Léon lui doit son nom.

La présence d'un nom de lieu *Dunveth* en Saint-Breock en Cornwall, pourrait faire supposer que la vraie forme serait *Dunveđ*. Il est vrai que le *Dunveth* de Cornwall n'est pas plus clair.

Turiaw (saint) : *Saint-Thuriau* paroisse du Morb.; *Saint-Thurial* (Ille-et-Vil.) : en 1201 ecclesia *sancti Turiavi* (*Cart. de saint Georges*, p. 200); *saint Uriac* en Corseul (C.-du-N. de langue française). C'est un saint breton armoricain (v. La Borderie, *Hist.*, I, pp. 486-492).

Tutel (saint) en Mauron (Morb,) : pour *Tut-hael* (Iconogr. bret.).

Tut-gen, Tutian (saint) : *Lan-tutian* (cart. de Landev., 171), *Landugen* en Callac; *Landugen* en Primelin, Mahalon, en Duault; *Landujan* paroisse de l'ancien évêché de Saint-Malo; saint Ugean (*Tujan*) en Brelevenez; *sant Sušan*, transformé en saint Eugène en Locmalo (Morbihan) a passé par *santujan*, *sanšujan* pour aboutir *Sanšušan*.

Tutnou : prieuré de *Lo-Tuznou* en Lannilis (Soc. arch. Fin. 1904, p. 307); Pluduno (C.-du-N.).

GALLES : *Llan-dudno*, Carnarvonshire (Arch. Cambr. 1900, p. 167).

Tutuarn : prieuré de l'île du même nom, en Douarnenez; s[tus] Tutuarnus (Soc. arch. Fin. 1905, p. 251).

Tutwal (saint) : *Tual* est une forme plus française que bretonne.

Tutwal est devenu en zone bretonnante, ou *Tudal*, ou *Tuzvàl*; cependant par la forme *Tudwal* on est arrivé, en certains endroits, semble-t-il, à *Tuwal* et *Tual*.

Tugdual est un barbarisme dû à une erreur de lecture de la forme régulière du xe siècle *Tut-gual*. *Saint-Tugdual*, par. du Morbihan (on prononce *Tudal*); Parc *sant Tudal* en Guisseny. *Lan-dudal*, paroisse et *Lan-dudal* en Briec, *Saint-Tugdual* (zant Tual), en Plounevez-moedec, en Brélidy. *Plu-dual* (C.-du-N.); *Lan-dual* en Menéac (Morb. de langue française); Saint-Thual (Ille-et-Vil.). *Pontuzval* (Fin.) parait contenir *Tutwal* : cf. *Bron-dusval* en Plouider. Saint Lunaire (Ille-et-Vil.) s'appelait Pontual.

GALLES : St *Tudwal* près Pwllheli (Jones, *Cymru*, II, 131, Rees, *Essay*, 133-134) en Carnarvonshire.

Tutwen (saint) : *Loc-tudguenne* en 1282, aujourd'hui *Loc-tuen* en Kervignac (Morbihan).

GALLES : *Llan-dudwen* en Lleyn, Carnarvonshire (Rees, *Essay*, 3097 ; Arch. Cambr. 1900, p. 311).

Saint-Usven est à lire *Saint-Tusven* (cf. *Tusval*) dans Liorz Sant-Usven, en Ploudalmezeau.

Tuzec : *saint Duzec* en Pleumeur-Bodou (C.-du-N.). Il me paraît sûr qu'il faut lire **Sant-Uzec** : v. **Iudoc**.

Uhel (saint) : v. **Uvel**.

Urbain (saint) paroisse du Fin. : dans cette paroisse *foennoc* (prairie à foin) *Lan-urban*. Je ne connais pas la prononciation de ce nom.

Urban, nom connu des Bretons et qui peut être d'origine celtique, eût donné *Urvan*.

Saint-Urbain en Saint-Gonnery (Morb.) était en 1270 saint Druman (cf. *Rumon*) : il se peut qu'on prononçât à cette époque *sand urvan?*

Urfol (saint), chapelle à Lanrien en Landouzan, commune du Drénec (Bull. C. D. 1903, p. 358). Ce nom est curieux. On a aussi la variante *Urfoed* qui se comprend mieux, pour *Urmoet*.

Urielle (sainte) : sœur de saint Judicael et saint Judoc ; Ste-Urielle en Trédias, autrefois paroisse (Iconogr.).

Urien (saint), paroisse : écrit aujourd'hui *Saint-Thurien*, (Finist.) ; Saint-Urien en Plogonnec ; *Lan-urien* en Plouescat, en Tourc'h.

GALLES : Urien aurait été honoré comme saint, mais ce n'est pas sûr (Rees, *Essay*, 203).

La forme la plus ancienne est *Urbgen* (*Chrest.*, 179).

Urlo (saint) en Lanvenégen. Je crois la forme inexacte.

Dans la même région, j'ai entendu prononcer, ainsi qu'en bas-vannetais *Zand Ourlow* : v. **Gourlow** et **Gurloes.** Cependant il y a une chapelle de *saint Urlou* en Clohars-Carnoët (Bull. C. D. 1906, p. 23).

Urnan (saint) en Kerpert (C.-du-N.).

Urnel (saint) en Plomeur (Ep. préh. p. 316).

Uuel (saint) : cart. de Quimperlé 153 ; auj. saint Yhuel en Pleumeur (Morb.) ; au XVIIIe s., *saint Huel* : la prononciation est *Ihüel* : *ihuel* est la forme vannetaise de *Huel, Uhel*, élevé ; cf. saint Huel en Langolen (Fin.).

L'évolution moderne semble en faveur de *uhel*, prononcé peut être déjà au XIIe siècle *üwel* avec un souffle peu perceptible après *u* initial. Les formes correspondant à *uvel* = *(h)umilis* manquant en vannetais il est difficile de dire ce qu'elle eût donné. *Huel* en Langolen (Cornouailles) semble en faveur de *uhel*, élevé, mais dans cette zone un *v* intervocalique peut disparaître et *uvel* a pu aboutir à *üel*.

> CORNWALL. Il y a une *Ecclesia* de *sancto Uvalo* au XIIIe siècle (Oliv., *Mon.*, 459) ; aujourd'hui c'est *saint Eval*. Or les formes connues de *uvel*, humble, sont *uvel* et la plus moderne *evall* (avec *a* représentant une voyelle réduite). Pour *uhel*, élevé, les formes les plus modernes sont *euhal, ewhal* (cf. *diw* = *dū* noir). Si on avait eu, dans le nom du saint, affaire à *ewhal*, on eût écrit au moin *ewal* et non *eval*.

Si on rapproche *uvel* de notre *uuel*, il devient à peu près certain qu'il s'agit du même saint, et que si en vannetais, on a aujourd'hui *ihuel*, c'est dû ou à une évolution que l'on ne peut constater, ou à une confusion entre deux saints différents.

Vanal (saint) : en Landivisiau : v. **Guenhael.**

Vian (saint) : en Pleugriffet (Morb.), écrit aujourd'hui avec *t* final, mais au XIVe s. on a *vian* ; cf. **Bihan.**

Vily (saint) en *Loyat* (Morb.) : v. **Bily.**

Vio (saint) : *mechou sant Vio* en Guipronvel et en Tréguennec : v. **Guiziau.**

Vivien (saint) serait un disciple de saint Paul et aurait eu une cellule à Lampaul-Ploudalmezeau (Bull. C. D. 1902, 198). Je doute fort de l'exactitude de la forme de ce nom.

Vizio (saint) : v. **Guiziau**.

Volon (saint) (C.-du-N. de langue française); cf. **Lanvollon** ?

Vouga (saint) ou **Vougay** : on prononce, dit-on, *sant Vouga*. Il y a encore ici évidemment une intrusion de forme plus ou moins authentique de nom de saint; nous avons dans le missel de cette paroisse qui est de la même époque que le cartulaire de Landevennec des litanies de saints bretons. Or le nom de *Vouga* n'y apparait pas. Il y a en revanche un *sancte Becheue* que M. de Kerdanet identifie avec ce saint, sans doute, d'après une prononciation qu'il a constatée. De fait, ce saint est encore connu en bas-vannetais : le nom de *Bechẹw̃* avec *c'h* palatal est encore un nom de baptême, que l'on transcrit sur les registres de l'état civil par François, je n'ai jamais su pourquoi. En partant de *Bechev* ou plutôt *Bechew* on n'a pu avoir en léonard que *sant Vec'hev* ou *Veheo*; cette prononciation existe ou a dû exister et a amené Albert-le-Grand à appeler ce saint : **Vougay** ou **Vio**.

Il me paraît certain qu'il y a eu confusion entre *Bechevus* et s[t] *Vouga*, patron de Carn Parish en Wexford (O'Hanlon, VII juin).

Wethnoc (Lan) : cart. Landev. 33 : v. **Guehenoc, Guethenoc, Guezenoc**.

Winiaw (saint) : de Gray Birch, *Carl. saxon*, 101, p. 511, an. 969 : hraet *winiau* et Carn *winnioc* : v. **Guiniaw**.

Wrguestle (saint) : cart. Landev., 10.

Le nom est bien brittonique : *Gurguistil* (*i* final est une voyelle de résonnance) apparaît deux fois dans le B. of Llandav, 144. Pour le sens, cf. *ar-wistl* (*Chrest.*, 107); cf. **Alouestr (S[t])**.

Winwoud (saint) : disciple de saint Guénolé.

Y — : v. **I** —.

Zenon (saint) en Seglien (Morb.); encore une graphie fantaisiste : on prononce *zan selôn* qui me paraît représenter une prononciation locale de *Salaün* : v. **Salomon**.

Zunan (saint) : v. **Iunan**.

APPENDICE

Cet appendice sera loin d'épuiser la liste des additions et corrections que nécessitera mon premier travail.

Tel quel, il pourra être utile. Voici les documents nouveaux ou non utilisés dans le premier travail qui m'ont fourni le plus :

Gauthier du Mottay : *Essai d'Iconographie bretonne* (Soc. arch. des C.-du-N., III, 1857-1869, p. 113 et suiv.). Il y a beaucoup d'à peu près, d'erreurs d'identifications ; mais des indications utiles.

Longnon : Pouillé des provinces de l'évêché de Tours. Ces pouillés fournissent quelques variantes instructives, quoique les fautes de scribes n'y soient pas rares.

Le calendrier de Tréguier (xve siècle) dont je dois une copie à l'obligeance amicale du savant archiviste des Côtes-du-Nord, M. Tempier, présente quelques variantes intéressantes.

La *Vita Goeznovei* (saint Goueznou) publiée par M. de la Borderie (Soc. arch. du Fin. 1882, p. 232 et suiv.), vie rédigée au XIe siècle, contient quelques remarques importantes.

Elle nous dit que les Bretons insulaires, après avoir pris possession du pays, le divisèrent en *plebes* et *tribus*, c'est-à-dire en *ploib* et *treb*. En effet *Plabennec* y est *parochia Abennoca*, *Ploib* avait donc encore à cette époque, le sens courant de paroisse, comme je l'ai maintes fois soutenu.

Je cite pour mémoire le travail de M. de Calan : *Notes pour servir à l'histoire des saints de Bretagne* (mémoires de l'*Associat. bretonne. Classe d'arch.* 1905, p. 152).

L'auteur relève un certain nombre d'identifications de saints assez plaisantes amenant d'étranges substitutions : *saint Chéron* remplaçant *saint Kérien* ; *saint Léon* évinçant *saint Louan*. Une mention particulière est due au curé de Réminiac qui a fait de saint Rémy le patron de la paroisse. Malheureusement l'auteur s'est aussi laissé aller beaucoup trop à son imagination dans un sujet où la précision linguistique est nécessaire, ainsi qu'une connaissance sérieuse de l'histoire de la langue bretonne. Il commet une grave méprise au sujet *Lann*. Après avoir été aussi d'avis que *Lann* indiquait monastère ou un lieu consacré, il est arrivé, dit-il, à la c clusion que *lann* est une propriété.

C'est aller à l'encontre des textes les plus respectables méconnaître les renseignements les plus sûrs de l'histoire et la linguistique. L'erreur vient de ce que M. de Calan ne c naît pas suffisamment l'histoire des églises rurales. *Lan*, IXe siècle, est propriété, comme l'église rurale; l'église bap male elle-même peut être donnée, vendue, achetée; à ce époque, comme l'évêché, comme l'abbaye, la paroisse a s seigneur (J. Loth, *Rev. Celt.*, XXII, p. 107-108 Cf. Imb de la Tour, *Les paroisses rurales dans l'ancienne France, Re Hist.*, 1896-1898). Il se livre aussi à des identifications mo plaisantes que celles qu'il critique, mais tout aussi peu sou nables.

Je n'insiste pas par égard pour l'auteur dont personne n' time plus que moi la personne et la remarquable et abondai érudition.

Abran (saint) : Gauthier du Mottay signale une stat du XVe siècle de *saint Abrant* (*sanctus Abranus*) à Guirvané Perret (C.-du-N.). Il eût fallu vérifier la prononciation loca Si on prononce *avran*, on est en présence du saint gall *Afran* dont nous avons parlé sous **Avran**.

Agathon (saint) : v. **Gueganton**.

Algon (saint) en Pleyben. La finale *-o*, dialectalement, une tendance à la nasalisation. Il est fort possible que ce sai soit le saint gallois *Allgo*, écrit propablement à tort *Gall* honoré à *Llan-allgo* en Anglesey.

Alouarn (saint) : chapelle en Guengat (du Chatellier, *E préh.*, p. 260).

Anou (saint) : *Llan-anno* est l'ancien nom de Newborou en Anglesey.

Armine (sancte) : Anc. Litanies : v. *Erven*.

Cependant il y a une paroisse de st *Arvan's* en Monmout shire (Arch. Cambr. 1602, p. 107).

Avoy (sainte) près Vannes. L'ancien nom serait Lotiv

d'après M. de Calan (Assoc. bretonne 1905, p. 170); probablement *Lotewy* = *Loc-Dewy*.

Baharn (saint), patron de la chapelle de *Trevarn* (*Treb-Baharn* devenu *Trevaharn*) en Saint-Urbain (acte de fondation du prieuré de Daoulas, Soc. arch. Fin. 1907, p. 217).

Bavoez : *Gwic-Bavoez* en 1330 (Longnon, *Pouillé de la prov. de Tours*, p. 335). *Gwic-Bavoez* est devenu régulièrement *Gwipavoez*, *Guipavoas* et *Guipavas*. La paroisse portait aussi le nom de *Ploe-avas* pour *Ploe-vavas*.

Bern : *Plu-vern* en Cléder.

Branwalatr (saint) : *Loc-brevalair*, en 1467, a la forme *Loprevalarz* (Longnon, *Pouillé*, p. 330).

Briac : M. P. Le Roux m'apprend que Bourbriac se prononce *Boul-vriac*.

Budmail : *s*[te] *Budmaile* (anc. Lit.) : v. **Laneunvel**.

Caradec (saint) : *saint Caradeuc* en Dol (Duine, *Ancien bréviaire de Bret.*, 1900, p. 298).

Carantoc : le cal. de Tréguier porte au 16 mai *sancti Varandoci*. Je suppose qu'il faut rétablir *Carandoci* ?

Carné (saint). Les anc. Litanies donnent *sancte Carnache* : cf. *sanctus Carnechus*, saint irlandais (Colgan, *Acta ss.* 782).

Caron (saint) ? Je soupçonne ce saint d'avoir été évincé par saint Cheron à Cavan (C.-du-N.). Gauthier du Mottay croit saint Cheron substitué à saint Kerian, ce qui est peu vraisemblable. Il a vu à Cavan sa statue : le saint tient sa tête entre ses mains (Iconogr., p. 208, note 2). Ce qui me paraît décisif c'est qu'à Tredrez on hésite entre Caron et Chéron.

> GALLES : s[t] Caron, patron de *Tregaron* en Cardigan : fête le 5 mars (Rees, *Essay*).

Carré (saint) en Pédernec. En 1179 d'après *Anc. Ev.*, VI, p. 133, c'est *sanctus Caramus* : il faut lire *Caraunus* = *Caron* ?

Cavan : *saint Cava* paraît différent. Il est même probable que le vrai nom est *Caffa*, car, tout justement, à Plouguerneau, il y a une parcelle de terre portant le nom de *Mechou Caffa*, les champs de *Caffa* (dépendant autrefois de sa chapelle sans doute, ce qui est fréquent).

Caffa rappelle le saint gallois *Caffo*, patron de *Llan-gaffo* en Llan-geinwen en Anglesey (Rees, *Essay*, p. 227); la terminaison est différente cependant.

Kerrien : *Saint Kerrien* (confondu avec Cheron) est aussi donné comme patron de Cavan. Il est honoré à Bourbriac, il a une chapelle en Cléder (Iconogr.).

Kijeau (saint) : lieu en Poullan (cadastre : écrit saint Quijeau).

Kinidic (saint) : v. **Genidic**.

Kirec (saint) a une chapelle en Ploudaniel (Soc. arch. Fin. 1905, p. 191).

Kirio ou **Kiriou** (saint) : a eu une chapelle en Plounerin (C.-du-N.) ; il est honoré à Ploujan, Tredrez. A Locquemeau (C.-du-N.), il est figuré en évêque du XVIe s. (Iconogr.).

Koko connu sous le nom de saint Gogo, évincé par saint Gorgon.

Conval[1] (saint) : statue du XIIIe s. à Penvenan : prêtre avec crosse (Iconogr.).

Convel : il est possible que *Convel* soit pour *Con-wel*, Dans ce cas, cf. *saint Cynwyl*, honoré à Aberporth (Arch. Cambr. 1906, p. 321).

Convelen: *Ploe-convelen* (Longnon, *Pouillé*).

GALLES : *s[t] Cynfelyn* à Welsh Pool, Montgomeryshire (Rees, *Essay*).

Conveur : En 1444 (Longnon, *Pouillé*, p. 341) Plougonver est *Ploe-gonmeur*.

Cridan (saint) : en Guissény (Cadastre).

Dei (saint) : statue du XVe s. à Pluduno (Iconogr.).

Denaw : *sant Denaw* (*w̄* consonne) en Landaul, Morbihan. Si on prononce *Sāntenaw*, c'est le saint gallois *Teneu* : v. **Teno**.

Denoual (saint) : patron de Planguenoual (Iconogr.) : c'est encore un de ces prodigieux à peu près dont il y a tant d'exemples : v. **Conval**.

Derhel (saint), écrit *saint Herhel*, *Erhel* en Guidel, Morb. Ce saint n'est pas *saint Arthmael* : on eût eu *Arhel*. C'est probablement le saint connu dans les Anc. Litanies sous le nom de *sancte Dirchille*.

Derrien (saint) : Le nom a eu un doublet : *Derian* : *sancte Deriane* (Anc. Lit.). Au Drénec, il y a une statue du XIIIe s.

1. Il y a un *s[t] Convall ou Conval*, patron de Glasgow (O'Hanlon, V, mai 18).

qui paraît le représenter, mais on hésite entre Derrien, Drien, et Audren! Derrien a aussi une statue du XVIe s. à Commana (Iconogr.).

Devan : Longnon donne *Landecvant* (Pouillé de 1330, p. 313). C'est probablement la forme primitive; le *t* n'est sûrement pas prononcé. Si *Lan-decvàn* est là vraie forme, il faut identifier le saint breton avec un saint gallois bien connu.

GALLES : *st Tegvan* a donné son nom à *Llan-degfan* en Anglesey (Rees, *Essay*, p. 235).

Dider : Plouider, 1496 : *Ploe-dider* et *Guic-dider* (Soc. arch. Fin. 1905, p. 191).

Donou (saint) : v. **Onou** (saint).

Durlou (saint) : v. **Gourlai**.

Ebilian (saint) : il y a une chapelle de *saint Ibilio* en saint Pabu.

Elian : v. **Ilian**.

Elouan (saint) : d'après Gauthier du Mottay, son tombeau est à Saint-Guen, Côtes-du-Nord.

Elven (saint). C'est aussi sans doute le patron d'Elven, Morbihan.

Le qualificatif *saint* est ici absent, comme dans *Beuzec*, *Cast*, *Cleden*, *Edern*, etc. Il y a une trace curieuse d'une tradition ancienne sur ce point dans le fait que le patron d'Elven est saint Alban. C'est impossible : *Alban* eût donné *Alvan*; mais en revanche, il est fort possible qu'Elven remonte à **Albanio-s* : saint Gildas était surnommé *Albanius*[1].

Elvod (saint) : Ecclesia de *sancto Elvodio* : c'est *saint Dolay*, Morbihan (de Lesquen et Mollat, Mesures fiscales exercées par les papes d'Avignon en Bretagne, *Annales de Bret.* 1903-1904, p. 525) : v. **Aelwod**.

Enogat (saint) : calendrier de Tréguier (XVe s.) : *Enougad*; La forme primitive doit être *Tenou-cat* = *Tnou-cat*.

Eon (saint). Si ce n'est pas une évolution dialectale d'*Eozen* ou *Ewen*, il faut probablement lire *Teon* :

1. Gildas serait né en *Are-cluta* regione, pays sur les bords de la Clyde (J. Loth, *Chrest.*, p. 96).

GALLES : *Teon*, membre de la congrégation d'Illtut; il y a aussi un *Teon* plus ou moins légendaire, évêque de Gloucester en 542, puis archevêque de Londres d'après G. de Monmouth, ce qui est évidemment impossible.

Efflamm (saint) : Cal. Tréguier : *Euflammi*.

Eost (saint), en Rosnoen : *Eost* = *Agustus*, pour *Augustus* : ce serait un saint Auguste quelconque.

Fragan (saint) : Gauthier du Mottay, dans son Iconographie, nous le donne comme patron de *Plou-fragan* et lui attribue une chapelle en Saint-Guen; à Lesven en Plouguien il est représenté en guerrier du XVIe siècle.

Genidic (saint) : à ajouter probablement *sant Kinidic*, en Plounevez-du-Faou (cadastre).

Gerfred : ne peut avoir donné son nom à Loqueffret. La forme *Guefret* existe dans *Lan-Guefret* (Longnon, Pouillé de 1330, p. 334). *Lan-guefret* est sûrement **Lan-eufret**. Comment *Lan-eufret* remonte-t-il, comme cela a quelque vraisemblance, à *Lan-wiurett*? voir **Euffret**.

Glen (saint) : d'après G. de Mottay, une chapelle en St-Tudual (Tugdual!), Morbihan, lui est dédiée.

Goezian : dans la vie de saint Goulven (Soc. arch. Fin. 1907, p. 76), on a les deux formes *Godian*, *Gozian*.

La forme *Goezian* apparaît évoluée en *Gouazien* (saint) en 1096 : c'est le patron de Lanvoy.

La forme est assurée par les graphies actuelles *sant Golien*, *sant Oyan* (Oyant) : *Golien* est pour *Goyen* (*Gollien*). *Oyant* s'explique par la forme réguliere *sant Oyan* pour *sant Oedian*, *sant Woedian*.

Gonery (saint) : apparaît en costume sacerdotal dans des scènes sculptées sur un bahut du XVIe siècle à Plougrescant (Iconogr.).

Gouescat : Ce saint qui a donné son nom à *Tréouergat* (v. **Gouescat**) donne son nom à un village de *Saint-Ouergat* dans la même commune (cadastre). Il a une statue du XVIe siècle à Tréouergat (Iconogr.), au XVIe siècle *Tre-goescat* (Pouillé de Léon, Cart. Redon, p. 574).

Goueznou : Saint-Goueno, paroisse des C.-du-N., doit son nom à ce saint : c'est saint Gouezno, dans une montre de

1476 (Soc. arch. C.-du-N. 1870, p. 286 et suiv.) : statue du XVe s. à Plouguiel (Iconogr.).

Goulven (saint) : statue du XIVe s. à Dirinon (Iconogr.).

Gourloe (saint) : ajoutez aux formes connues *saint Durlou* (*sant Urlou*) en Landudal (Soc. arch. Fin. 1900, p. 115.

Goven : commune non loin de Rennes : cf. *Saint-Goven's Chapel* en Bosheston, Pembrokeshire (Rees, *Essay*) ?

Gueganton (saint) : Comme je l'ai supposé la forme sincère est *Guenganton*, vieux-breton *Wincanton* ; et c'est bien le saint qui a été évincé par saint Agathon : Longnon, pouillé de 1330, p. 339 : prior *sancti Guengontoni* (Guengantoni) : nous savons que c'est saint Agathon. Le pouillé de Tréguier (Cart. Redon, p. 556) donne Prioratus *sancti Negantoni*.

Guennec : *Guennec* = *Winnoc* a été confondu avec *Gueithnoc*. C'est ainsi que *saint Venec* en Riec est en 1578 *saint Guesnec*. (Soc. arch. Fin. 1893, p. 117, 120). Sa mère est sainte Guen Teirbron.

Guengar : chapelle de *Lan-guengar*, autrefois paroisse, auj. en Lesneven (Soc. arch. Fin. 1905, p. 185).

Guengu : La forme *Loc-Guenguff* existe (Soc. arch. Fin. 1903, p. 161).

Guenmael (saint) : ma supposition pour Loquenvel était juste : le pouillé de 1330 (Longnon, p. 340) donne *Louguenmael* (lisez *Loc-guenmael*).

Guinien (saint) : ajoutez saint Vinien en Landerneau (cadastre).

Gurthiern : a été confondu avec *saint Condiern*, qui est le célèbre *saint Kentigern* (*Cuno-Tegerno-s) en gallois moyen *Cyndeyrn* : *Llan-gondiern*, en Carmarthen (Arch. Cambr. 1902, p. 128).

Haran (saint) : écrit aussi *saint Harant* (v. *Taran*).

La prononciation permet d'autant plus d'hésiter au sujet de la forme primitive, qu'il y a un *Llan-haran* en Glamorgan (Rees, *Essay*, p. 837).

Harnel : Le pouillé de 1330 (Longnon, p. 315), donne pour Plouharnel : *Ploarnael*. Le vrai nom du saint paraît donc avoir été *Harn-hael*.

Hel : **Lan-hel** en Glomel (cadastre) : *Hel* = *Hael* = *Hail*.

CORNWALL : *Eglos Hayl*.

Helen : sanctus Helenus, à Saint-Helen : vitrail du xve s. : le saint est en évêque, les pieds sur un dragon.

Herbot : statue du xve s. à Plounevez-du-Faou (Iconogr.).

Hernin (saint). On lit dans le pouillé de 1330, p. 301 : persona *sancti Ehernini*. Le nom remonte à un vieux celtique *Eisarnino-s* : cf. Cat-ihernus (J. Loth, *Chrest.*), cf. St-Hern en St-Hernin (cadastre).

Houardon (saint) : il était évêque, du temps de saint Hervé (*vita Hervei*, Soc. arch. Fin. 1861, p. 294).

Iahoiue (sancte), anc. Litanies ; *sanctus Iahoevius* apparaît aussi dans la plus ancienne vie de saint Paul Aurélien. C'est notre saint Jaoua. Le nom est probablement composé de *Iaou-hoiw* : *iaou*, jeune, *hoiw*, gall. *hoyw*, vif, joyeux.

Iarnhobri (sancte) : Anc. Litanies : n'a pas laissé de trace.

Ideuc (saint) : on prononce *Ideu* (*Idô*) : il est possible que ce soit une prononciation française de *Ildut*.

Iestin : statue du XVIIIe s. en moine : c'est le patron de Plestin (Iconogr.).

Igneuc (saint) : paroisse des Côtes-du-Nord : *Igneuc* = *Iunioc*, comme *Ignaw* = *Iuniaw*.

Igner : j'ai supposé *Iunario-* : c'est probablement le s[t] *Rumare* des Anc. Lit. : lire *Iuniare* ?

Ilian (saint) : GALLES : s[t] *Elian* qui a donné son nom à *Llan Eilian* (Arch. Cambr. 1900, p. 85).

Iliau : *sancte Iliaue* (Anc. Lit.) ; *saint Hilio* en Saint-Pabu peut être pour *Tilio* = *Teliaw*. *Iliaw* est probablement pour *Eliaw* : c'est une forme hypocoristique du nom de saint Teliaw.

Le nom complet est *El-iud* : *Eliau* est formé comme *Sul-iaw*. *Teliaw* a, en plus, le préfixe *to-* : cf. *Conoc* et *To-conoc*.

Le nom peut cependant être d'origine différente.

Ilouarn (saint) : Roz sant Dilouarn à Port-Launay. Il faut évidemment lire *Ilouarn*. Pour *il*, cf. *Iltut*.

Iudbudoc (saint) : apparaît dans les anciennes Litanies. Si le nom est sincère, ce qui paraît douteux, il signifie : *vainqueur dans le combat*, ou *qui profite du combat*.

Iunanaw : *sancte Iunanaue* (Anc. Lit.).

Iuti (sancte) : dans les anciennes Litanies, a été confondu avec saint Jud.

Ivy (saint) : statue du XVIe s. à Loguivy-Plougras : le saint porte une croix archiépiscopale; statue du XVe s. à la fontaine de la même paroisse.

Jagu (saint) : chapelle à Elestrec en Folgoat (Soc. arch. Fin. 1905, p. 187.

Jaoua (v. plus haut *Iahoiuc*) : son tombeau est dans la chapelle de Plouvien (Du Châtellier, *Ep. préh.*, p. 107).

Lanescat : forme de 1368 (Longnon, *Pouillé*, p. 305), auj. *Laniscat* (C.-du-Nord) = *Lan-Iedcat* (*Iud-cat*).

Lan-gueïret : v. **Euffret**.

Lan-houlon : chapelle en Ploneis (Soc. arch. Fin. 1903, p. 166) : peut-être pour *Lan-ouron* par dissimilation : v. **Gouron**.

Lannorven : chapelle de Notre-Dame de Lannorven en Plabennec (Soc. arch. Fin. 1905, p. 196).

Lanvenec : à 1100^{mm} de Lanrivoaré : c'est le *Lan-guenoc* du Cart. de Landevennec.

Laouenan (saint) : patron de *Tref-Laouenan*; chapelle à Ploulec'h, Plounevez-Moedec (Iconogr.).

Lery (saint). Les formes *Leu-bri* et *Lou-bri* sont différentes. *Lou-bri* a bien le sens que je lui ai attribué; mais *Leu*, dans *Leu-bri*, renferme *lew*, gallois *llyw*, gouvernail, pilote (*levier*, pilote, en breton, en dérivation). Même remarque pour *Leu-tiern* et *Lou-tiern*.

Lezan dans *Bot-lezan*, Fin. En Galles, les *Bod*, suivis d'un nom de saint, indiquent que le saint y a séjourné : *bot*, en effet, signifient souvent *demeure*, lieu de *séjour* et non *bosquet*, *bouquet* d'arbres ou d'arbustes. Si *Bot-lezan* n'a pas été précédé par une forme plus complète comme *Bolazec* qui a été *Botglasuc*, on peut songer à rapprocher *Lezan* de *sant-Lythan*, en Glamorgan : *y* répond à notre *e* breton non accentué.

Loc : *Locus* a parfois le sens de sépulcre d'un saint (J. Havet, *Œuvres*, I, p. 210 et n° 4). A l'époque franque, il a aussi le sens d'*église* et de *monastère* (Zeumer, *Formulae merov. et Karol. aevi* tabl. v° *Locus*).

Mabon (saint), évêque de Léon (Gautier du Mottay, Iconogr.).

Galles : s^t *Mabon* était honoré à Rhiw Fabon, et à *Llan fabon*, en Glamorgan (Rees, *Essay*).

Mael (saint) : La forme sincère de *Ple-met* (C.-du-N.) serait *Ple-mel*. En effet, au XIVe siècle, c'est *Ploc-mael* (Longnon, *Pouillé*, p. 340). Ce qui explique l'intrusion du *t* final, c'est la prononciation française *Pleme*.

Maugat : *Plo-maugat* en 1330 (Longnon, *Pouillé*, p. 358), auj. *Plumaugat*.

Il n'est pas impossible que *Maugat* ait pour premier terme *maw*, comme *Maugan* : v. cependant *Maelcat*.

Melar : ajouter *Loc-melar* en Irvillac (Soc. arch. Fin. 1904, p. 40); feunteun *sant Velar*, la fontaine de saint Melar, en Loc-melar, Fin. (Ibid. 1876, p. 39); *Loc-melar* en Plouneventer (*Ep. préh.*, p. 77).

Meliau : aj. *Lan-viliau*, nom de lieu et de famille noble en Dirinon (Bull. C. D. 1907, p. 242).

Memor : v. **Mevor**.

Merin (saint) : statue du XVIe s. à Lan-merin (Iconogr.).

Mervé (saint) : écrit auj. *saint Mhervé* (Ille-et-Vil.) : en 1330 Ecclesia *sancti Mervcy* (Longnon, *Pouillé*, p. 173).

Merzer (saint) en Plouguerneau, Fin. (cadastre) : *merzer* signifie *martyr*.

Mevor : saint personnage qui donna des terres à saint Gudwal en Camors, Morb. (La Bord., *Hist. Bret.*, I, p. 495). Il y a une chapelle de saint Memor en Gouesnach (Soc. arch. Fin. 1904, p. 30) : c'est une forme littéraire : v. **Movor**.

Onneau, Onou. Il est probable qu'on prononce *Onno* ou *Onnou*. En effet, du Châtellier (*Ep. préh.*, p. 291) cite une fontaine de saint Donou, à Trez-Goarem en Esquibien, et à la même page, au même endroit, une fontaine de *saint Onneau*.

Pergat (saint), successeur de saint Tutwal ?; statue du XVe s., à Pouldouran, C.-du-N., dont il est patron.

Le recteur de Pouldouran, il y a 30 ans, dit Gautier du Mottay, mit sa paroisse sous le vocable de saint Pierre-ès-Liens, les deux mots *Petrus-Legatus* lui rappelant un peu *Pergatus*. Pergat a été rétabli dans sa dignité de patron dans la nouvelle église (Iconogr., p. 244, note 2).

La forme ancienne doit être *Petr-cat* ou *Pebr-cat* (ce dernier nom se trouve dans une vie de saint).

Pieran : cf. *sancti Pierani* (Cal. Trég. 5 mars : brév. de

Léon, ap. Duine, *Anc. brév.*, p. 165) ; ce nom paraît une adaptation brittonique du nom du saint irlandais *Ciaran*, connu en Cornwall sous le nom de *Piran*.

Pinnuh (s^te^) : dans les anciennes Litanies, cf. *saint Pinnock* en Cornwall.

Plomargat (Longnon, *Pouillé de 1330*, p. 314) : cf. **Maelcat.**

Plouenan : en 1330 *Ploe-Benoan* ; en 1467, *Ploe-benan* (Longnon, *Pouillé*, 1330, 377) ; au XVIe s., *Ploue-uenan* (Pouillé de Léon, *Cart. Red.*, p. 574), *Benoan* pour *Benoen* = *Benegnus, Benignus*.

Plouescat : en 1330 *Ploe-Rescat*, en 1467 *Ploezcat* (Longnon, p. 333, 336) : il faut lire vraisemblablement *Ploe-Iezcat* : v. *Iud-cat*.

Plougourvest : en 1330, *Ploe-orguest* (Longnon).

Poüpaia (sainte) : statue du XIVe s. à Langoat (Iconogr.).

Primel (s^ti^) : vita s^te^ Corent. (Soc. arch. du Fin. 1886, p. 126) : *s^t^ Primael*. On prononce Prevel (Soc. arch. Fin. 1899, p. 424). C'est le patron de Primelin qui était à la fin du XVe s. : *Privelen* (Longnon, *Pouillé*, p. 309).

Plouguenast (C.-du-N.) : c'est *Ploue-guenas* dans le pouillé de Saint-Brieuc (*Cart. Redon*, p. 568).

Si la mutation n'a pas été faite, il faut en rapprocher *San Winas*, en Cornwall.

Rawele (sancte) : Anc. Litanies. Il est à craindre que *Rawel* ne soit pour *Riavel*, comme *Racate*, dans les mêmes litanies pour *Riacate* (v. *Riagat*). Cependant, il y a en faveur de *Rawel* un *Penity Raoual* en Landeleau. *Rawel* est possible : vieux-bret. **Rat-wel* ; *Raoual* serait pour *Rawel*, à moins qu'on ne suppose *Rat-wal*, également défendable : dans ce cas, les deux noms seraient différents.

Rethgualt (s^t^) : anciennes Litanies.

Rezouarn (saint) : mal écrit *saint Drézouarn* en Langolen : v.-breton **Reith-hoiarn*.

Rion (saint) : chapelle en Ploubazlanec, Plouezec. Sur le sceau du XIIIe siècle de l'abbaye de Beauport, saint Rion est représenté assis dans une nacelle avec un autre personnage et tenant une croix processionnelle (Iconogr.).

Rivelin (saint), évêque de Tréguier, d'après Albert-le-Grand. C'est *Rivelen* qu'il faut lire : v. **Rivinen.**

Runare (sancte) : anciennes Litanies : à corriger en *Iunare* ou *Iuniare* (v. *Igner*) ou lire *Lunare* (Lunaire).

Segal (saint) : en 1368, *Saint Sengar* (Longnon, p. 306).

Seznec : chapelle de saint Denis ou de *Seznec* en Plogonnec, Fin. (Soc. arch. Fin. 1600, p. 45). Ce nom est à rapprocher de celui de *Sezny* (Guissény) et n'en est peut-être qu'un doublet.

Sul (saint) : pardon de saint Sul, le 4me dimanche de mai ; il est représenté en évêque dans la chapelle de saint Yves à Trédarzec (Iconogr.). C'est le même saint que saint Suliaw. En effet, à Llandyssul en Galles, c'est *saint Tysilio* (*To-suliaw*) qui est honoré (Arch. Cambr. 1558, p. 321).

Suliaw (saint) : statue du XIIIe siècle, à Saint-Suliac ; le saint est en abbé (Iconogr.) ; saint Sulio en Pleyben (cadastre).

Sulien (saint) : *Lan-sulien* en Fouesnant ; *Lan-sulien* en Cleden (Soc. arch. Fin. 1883, p. 468, 434).

Tegonnec (saint) : statues du XV, XVI et XVIIe s. à Saint-Tegonnec ; chapelle à Guerlesquin, *Plogonnec.*

Tegvan : v. **Devan.**

Teliau (saint) : à Landeleau, dolmen dit *Ty sant Heleau.* Dans l'église est un cercueil en pierre en forme d'auge, appelé aussi le Lit de *saint Heleau* (sic) : du Chât., *Ep. préh.*, p. 177. Il y a une chapelle de saint Theleau (sic) en Plogonnec (Soc. arch. Fin. 1900, p. 50).

Téo (saint) : il est représenté revêtu d'une chasuble du XIIIe s. à *Bodeo* : v. **Eo.**

Terethian (saint) : saint Theresien est représenté avec un vêtement sacerdotal, crossé et mitré, à Sainte-Colombe de Lanloup, C.-du-N. (Iconogr.).

Ternoc : Calend. de Tréguier, au 3 octob. S^{ti} Ternoci. Saint Tyrnog était honoré à *Llan-dyrnog* en Denbigh (Rees, *Essay*).

Touzan : on a extrait de Landouzan, chapelle du Drennoc, *saint Oursin* et aussi *saint Urgin* (Soc. arch. Fin. 1905, p. 199). Dans une *vita* Hervei (Soc. Em. C.-du-N. 1891, p. 257) il est question d'un *Lannam Nusani* que l'on identifie avec Landousan.

La forme latine est sûrement fautive.

Tremeur (saint) : statue du XVIe siècle à Carhaix (Iconogr.). Il est honoré à Plomeur, Plougastel-Daoulas (Soc. arch. Fin. 1904, p. 21, 36).

Tudy (saint) : statue du XVIe s. à Loctudy (Iconogr.).

Tujan, Tujen (saint) : statue du XVe s. à Landugen en Duault (Iconogr.) ; chapelle en Guisseny (Soc. arch. Fin. 1604, p. 310).

Tuoc : chapelle *sancti Tuoci* (charte du commenc. du XIIe s., Soc. arch. Fin. 1905, p. 25). On a rapproché ce nom de saint Tohou ou *Ohou,* honoré en Primelin (Soc. arch. Fin. 1869, p. 429) : c'est impossible ; il y a probablement une erreur de lecture.

Urfol : chapelle à Bourg-Blanc, où il est honoré sous le nom de saint Ulfol (Iconogr.) ; Soc. arch. Fin. 1905, p. 197.

Saint Urphoed apparaît dans une vie de saint Hervé (Soc. Em. C.-du-N. 1891, p. 262).

Vazou (saint) en Plourin (cadastre) : variante : *saint Oazou.*

Vollon (saint) : statue du XVe s. le figurant en moine au-dessus d'une fontaine à Plédran, C.-du-N. (Iconogr.).

CONCLUSIONS

La forme sincère des noms des saints bretons n'est pas toujours facile à établir : la plupart du temps ils n'apparaissent que dans des textes postérieurs de plusieurs siècles à l'existence des saints; il y en a que l'on ne connaît que par la tradition populaire; d'autres, et ils sont nombreux, n'ont laissé trace de leur existence que dans des noms de lieux dont nous n'avons la forme que dans des documents parfois relativement récents; il faut compter enfin avec l'incertitude, et les variations de la tradition orthographique qu'on n'arrive pas à corriger par la prononciation dans la zone considérable d'où le breton a totalement disparu depuis plusieurs siècles. De fausses identifications, parfois même de fâcheuses tentatives étymologiques, ont accru la difficulté de cette étude.

Lors même que la forme sincère du nom est assurée, si on en entreprend la comparaison avec les noms des saints de Galles et du Cornwal, il y a des écueils du même genre à éviter du côté insulaire : la tradition écrite galloise plus abondante, la prononciation plus assurée, rendent la tâche, à vrai dire, plus facile en ce qui concerne les saints gallois, mais pour le Cornwal il n'en est pas de même : il y a surtout à compter avec les variations de l'orthographe anglaise et aussi, trop souvent, avec l'ignorance manifeste de la langue cornique chez les écrivains dont les textes servent de base.

Il va sans dire aussi que l'identité de nom pour les saints de pays différents n'entraîne pas toujours l'identité des personnages. Mais quand un saint a donné son nom à des paroisses armoricaines, galloises ou corniques, il n'y a guère de doute, la plupart du temps, à avoir sur l'identité de culte et d'origine.

Une conclusion générale s'impose : le culte des saints dans toute la partie de la péninsule armoricaine occupée par les Bretons est essentiellement national, et pour la généralité des paroisses de fondation bretonne ancienne (v–viie siècle), d'origine insulaire : non pas que les saints qui ont, à cette époque, donné leurs noms à nos paroisses aient tous émigré en Armorique; un nombre assez important d'entre eux ne paraît pas avoir quitté l'île. Leur culte a été transporté en Armorique par les émigrants, souvent par les saints qui avaient quitté leur patrie. On peut citer comme type saint Collen dont nous ne savons à peu près rien et qui a cependant donné son nom à une paroisse de notre Cornouailles et à une autre du comté de Denbigh. Ces saints comptent en général parmi les plus anciennement honorés chez les Bretons insulaires.

Un point important, capital même, à relever, c'est que le principal rôle dans l'établissement du culte en Armorique et en Cornwall a été joué par le pays de Galles[1]. Les principaux saints émigrés, ceux qui ont joué chez nous un rôle prépondérant, sont Gallois. Or, il est manifeste que l'émigration de ces saints personnages n'a pas été provoquée par les invasions des Angles et des Saxons, le pays de Galles n'ayant eu qu'assez tard après l'établissement des envahisseurs germains, à défendre son propre territoire[2]. Il est donc illogique de faire coïncider les émigrations bretonnes avec l'arrivée de ces saints en Armorique. La plupart ne paraissent qu'au VIe siècle. Saint Malo n'a fondé l'évêché qui a porté son nom que vers 575-580. Dans plusieurs vies nous voyons que les saints émigrants trouvent dans les pays où ils abordent des compatriotes déjà installés. D'ailleurs, incontestablement les Bretons insulaires étaient établis en grand nombre dans la péninsule, dans la seconde moitié du Ve siècle : certains faits historiques, l'étude des noms de lieu gallo-romains, ne permettent pas d'en douter (J. Loth, *Les langues romanes et bretonnes en Armorique*, *Revue Celtique*, 1907, p. 375).

1. Parmi les insulaires ayant donné leurs noms à des paroisses, fractions de paroisses ou lieux saints d'Armorique, de 80 à 90 sont gallois; une soixantaine apparaissent en Cornwall; de 30 à 40 ne paraissent qu'en Armorique et en Cornwall et Devon, quelques-uns en Somerset.

2. Il est impossible de s'arrêter à une émigration partielle de Gallois par suite d'une invasion des Scots d'Irlande. Le chef breton Cunedda, d'après des documents qui méritent d'être pris en considération, expulsa les Gaëls des parties du pays de Galles qu'ils auraient occupées, de bonne heure au Ve siècle.

De fait, les vies des saints, pour la plupart, ne donnent d'autres motifs à l'émigration de leurs héros que le zèle apostolique, le désir de convertir des infidèles. Il y a là quelque exagération : il y avait sans doute un bon nombre de payens dans la péninsule, surtout en dehors des évêchés de Rennes, Nantes et, en partie, de Vannes. Mais ce n'est pas uniquement le souci de convertir des infidèles qui a amené les missionnaires bretons en Armorique; ils y ont été appelés tout autant par les besoins religieux des Bretons émigrés ou de leurs descendants [1]. Or, le pays de Galles était assurément, au ve siècle, le grand centre religieux de l'ouest de l'île de Bretagne.

Ce qui suffirait à montrer qu'en dehors de l'évangélisation, le pays de Galles n'a joué qu'un rôle secondaire dans l'émigration, c'est que la langue bretonne forme avec le cornique un groupe absolument intime vis-à-vis du gallois, quoique les trois langues aient été assurément très voisines l'une de l'autre à cette époque. Il est sûr que linguistiquement les Bretons du Cornwal étaient plus proches parents des émigrants que ceux de Galles. Ils ont donc sans doute occupé des territoires plus voisins de l'ancienne Dumnonia. Une fraction des Cornovii a incontestablement passé en Armorique : leur nom ethnique a persisté et continue à désigner tout le territoire de l'ancien évêché de Quimper. Le nom de Domnonia a désigné, au IXe siècle, tout le nord de la péninsule depuis le Couesnon jusqu'à la rade de Brest. Mais on peut se demander s'il ne s'agit pas d'une extension momentanée de ce nom due à l'hégémonie passagère de quelque chef domnonéen. Ce qui est sûr, c'est que ce nom n'a pas duré. Les Bretons du Vannetais, qui ne forment qu'un groupe avec les Bretons établis de la Vilaine à la Loire, n'ont pas de nom ethnique insulaire ; le

1. Dans un intéressant opuscule (*L'Évangélisation du Finistère* (VIe siècle), Paris, 1908), un ancien étudiant de notre Faculté de lettres, M. Guenin, professeur d'histoire au lycée de Brest, a émis au sujet du rôle de nos saints des idées en général justes. Il a trop abondé dans son sens. Il a aussi accordé une confiance dangereuse à certaines vies de saints. Enfin, comme je l'indique plus loin, il a eu le tort de prendre au sérieux la chronique anglo-saxonne pour les établissement germaniques en Angleterre au V-VIe siècle.

nom national de leur pays (*Bro-Weroc*, pays de Weroc) est breton-armoricain; c'est le nom du chef qui le premier les a menés à l'assaut des positions franques dans le vannetais. Le gros des émigrants, qui devait tout d'abord contenir des éléments assez disparates, paraît être parti du sud-ouest de l'île. A ce propos, il faut se garder d'une conclusion qui a les apparences de la logique : si ces émigrants viennent du sud-ouest, ils n'ont dû quitter leur territoire que lorsqu'il a été directement attaqué par les envahisseurs? Il suffirait, dans ce cas, d'interroger la *Chronique anglo-saxonne*, semble-t-il; les Cornovii, en conséquence, s'ils étaient encore sur la rive gauche de la Severn, ce qui est invraisemblable, n'auraient émigré que dans la seconde moitié du VIe siècle. Mais il faut tout d'abord écarter le témoignage de la *Chronique* : pour toute la période de la conquête, avant la conversion des Anglo-saxons, elle n'a pas de valeur historique [1]. Si le royaume de Wessex n'a été fondé qu'au commencement du VIe siècle, comme le dit la *Chronique*, — et on peut l'admettre —, il ne s'ensuit nullement que les populations indigènes de ces régions n'aient pas eu affaire auparavant aux Saxons : le contraire est certain. Il ressort clairement de la vie de saint Germain d'Auxerre, du *De Excidio* de Gildas, que les Angles et les Saxons se sont livrés de bonne heure, dans le cours du Ve siècle, à de véritables *raids* à travers l'île; Gildas nous dit formellement qu'ils ont traversé l'île d'une mer à l'autre. C'est pendant cette période que la panique a été sans doute la plus grande dans un pays dépourvu, depuis le départ des Romains, de toute unité administrative, de toute direction, et très certainement en proie à des luttes intestines. C'est à ce moment que les déplacements de peuplades et l'émigration ont dû se produire avec le plus d'intensité : les uns s'enfuirent vers des régions plus reculées et d'un accès plus difficile; d'autres passèrent la mer et gagnèrent des rives plus hospitalières : il y en a qui échouèrent en Galice, après avoir touché terre, vraisemblablement en Armorique, et avoir trouvé les rivages sud de la péninsule déjà occupés. Il faut, en effet, se mettre

1. J. Loth, *Revue Celtique*, 1901, p. 92-93.

en garde contre une erreur assez répandue au sujet de l'envahissement de l'Armorique par les Bretons : on se figure trop souvent qu'ils abordèrent d'abord à l'extrémité ouest et qu'ils s'avancèrent progressivement vers l'est. Rien n'est plus faux. Il est sûr linguistiquement que les Bretons étaient fortement implantés, dans tout l'est et surtout le sud-est, de leur domaine dès la fin du ve siècle. L'embouchure de la Loire et la zone voisine étaient bien connues des Bretons insulaires, et il n'y a rien de surprenant à ce qu'ils se soient dirigés de bonne heure de ce côté. Il est plus naturel encore qu'ils aient gagné de bonne heure le littoral de la Manche, du Couesnon à Morlaix. Il y a de sérieuses raisons d'accepter le témoignage d'Eginhard, qui dit formellement que les Bretons émigrés s'établirent d'abord sur les terres des Vénètes et des Curiosolites ; il était sûrement bien informé des choses de Bretagne.

Les régions du sud-ouest de l'île, moins directement et moins constamment menacées peut-être, ont dû avoir, à un certain moment de ces périodes troublées du ve siècle, une véritable pléthore d'habitants, et il est très vraisemblable, qu'en conséquence, sans que les territoires aient été entamés sérieusement par les Saxons, une émigration considérable soit partie de ces régions. Le courant établi s'est continué sûrement au vi^e^ siècle, mais il est également très possible que les rivages du sud-ouest aient eu la visite des envahisseurs aussi tôt ou presque aussi tôt que ceux du sud-est. Pendant l'occupation romaine ils en avaient appris le chemin. Il ne me paraît pas impossible même que les turbulents et belliqueux Cornovii aient été transplantés par les Romains sur les côtes de la Dumnonia pour les défendre contre les entreprises des pirates saxons et francs. C'est sans doute aussi à des peuplades bretonnes militarisées qu'appartenaient les 12.000 combattants de Riothamus.

Si les saints gallois n'ont pas eu, dans l'émigration, et l'établissement des Bretons insulaires, le rôle prépondérant qu'on leur a indûment attribué, ils ont dû, en revanche, grandement contribuer à la bretonisation des Armoricains dans le territoire occupé par les émigrants.

Il est probable que la population gallo-romaine de l'Armorique, en dehors du Rennais et du Nantais, en raison de la nature du sol, de la grande étendue occupée par les forêts, n'était pas très dense à l'arrivée des Bretons, mais il est, en revanche, certain qu'on ne peut parler de désert armoricain : dans la vaste zone même occupée par la forêt centrale, il y a un bon nombre de noms de paroisses indubitablement d'origine gallo-romaine. Si les Bretons insulaires paraissent être arrivés à dominer assez vite les populations parmi lesquelles ils s'étaient établis, il y a à cela plusieurs causes assez claires. Tout d'abord, au ve siècle, la péninsule était livrée à elle-même; l'administration romaine s'y faisait tout au plus sentir peut-être encore à Nantes et à Rennes, jusqu'à un certain point à Vannes. Les Francs ne prirent la succession des Romains qu'au vi^e^ siècle et n'occupèrent sérieusement, en dehors du Rennais et du Nantais, que la ville de Vannes.

Dans ce pays sans défense sérieuse, sans ressort national, les Bretons, race énergique et belliqueuse, dont on peut se faire une idée d'après leurs frères du Cornwal, dont Macaulay a pu dire que c'est un peuple *belliqueux, audacieux et athlétique*, unis par le malheur et le souci de l'existence au milieu de populations de langue différente, animés d'un patriotisme tout particulier, fait de glorieux souvenirs et d'invincibles espérances, ne tardèrent pas à devenir les maîtres. Nul doute aussi que les missionnaires insulaires en travaillant à la conversion des payens qui devaient être assez nombreux dans la zone occupée par leurs compatriotes n'aient sérieusement contribué à l'assimilation des Gallo-romains. Peu à peu la langue des dominateurs devint la langue de la foi pour les Armoricains ; ce fut dans cette langue qu'ils s'accoutumèrent insensiblement à apprendre les rudiments de leur foi ; ce fut pour eux la langue de l'Église, langue de tous les jours, au moins pour une partie notable d'entre eux. Les Bretons ont dû en outre avoir un point d'appui sérieux dans les Gallo-romains chrétiens. Tout cela ne se fit pas en un jour ni sans déchirements. Le souvenir des querelles et des luttes entre Bretons et Armoricains était loin d'être effacé au commencement du ixe siècle, au témoignage d'Ermold-le-Noir.

ADDENDA ET CORRIGENDA

P. 3 : Il n'est pas rare que les *lan*, dans le sens d'*ajoncs*, soient suivis de noms d'homme.

Parmi les sources, j'ai omis de signaler la très intéressante *Petite légende dorée de Bretagne* de M. Paul Sébillot. J'ai reçu de l'auteur ainsi que de M. l'abbé Buléon, curé de la cathédrale de Vannes, quelques utiles indications que j'introduis ici sous leur nom. L'initiale *L. D.* représente *Légende dorée*.

P. 7 : **Aaron** (saint) : commune des Côtes-du-Nord (Sébillot).

P. 8 : *Aide* (sainte) en Pléhérel (Côtes-du-Nord) on prononce *Saint-Téd* (Sébillot).

P. 9 n. 1 : lisez *Albaldus* au lieu de *Albadus*.

P. 10 : *Alvaez* : aj. *Saint Alvoué* en Quéven, Morbihan (Buléon).

— *Aman* : *Amnran* est un des évêques successeurs de saint Dewi sur le siège de saint David's (Gerald. Cambr., *Itinerarium Cambriæ*, lib. II, 1.

P. 11 : au lieu de *Sant-Allouestre*, lis. *Saint-Allouestre*.

P. 15 : au lieu de **Bodian** (sainte) : *sainte Bodiane*, lis. : **Bodian** (saint) : *sancte Bodiane*.

P. 15 : aj. **Brewen**, transformé en *saint Brevin*, honoré à Berné, Morbihan. Peut-être qu'on en a fait un saint anglo-saxon. Je pencherais à y voir le *Breto-wenus*, compagnon de Paul Aurélien.

P. 20 au lieu de *ou Saint-Méloir*, lis. *en*...

— après *Lan-Tocal*, ajoutez *ap*.

ibid. : *Kemeren* : *Loc-Kemeren* se prononce Locoveren (Buléon), qui a été sans doute précédé par Loc-Köveren.

P. 21 : *si Kena* : supprimez *si*.

P. 23 : après *Chielus*, fermez la parenthèse.

— On trouvera *Ste Citawe* : lis *on trouve*.

P. 22-23 : *Kidi* : chapelle en Pluherlin (Buléon).

P. 24 : aj. *Saint Clummir*, ferme bretonne de *Saint-Colombier*, Morbihan (Buléon) ; a passé par *Colommer* = Columbarius.

P. 25 : **Congar** (L. D., 148).

P. 27 : au lieu de *collège Cadfan*, *lis. collège de Cadfan*.

— au lieu de : pour *Conomarch*, lis. *Conmarch*.

P. 33 : **Dolay** (L. D., 148).

P. 38 : **Eniguette** (sainte) : village du Guildo, Côtes-du-Nord (Sébillot).

P. 41 : **Ewin** : supprimez *au XIVe siècle*.

P. 42 : **Galop** : au lieu de *Saint-Win-Waloe*, lis. *Saint Win-Waloe*.

P. 42 : **Gallery** (saint) en Matignon, Côtes-du-Nord; ancienne abbaye (Sébillot).

P. 43 : **Gerand** : Saint Geran, prononcé *Saint-Geran* et *Saint-Jean*, havre en Plévenon, Côtes-du-Nord (Sébillot).

— *Gelven* (saint), chapelle en Caulnes, Côtes-du-Nord (Sébillot).

— **Gildas** : Saint-Gueltas, village en Saint-Denoual, Côtes-du-Nord (Sébillot).

P. 48 : **Gourlais** : *Sand Ourlow* honoré en Languidic, Morb. (abbé Buléon).

P. 51 : *Guenan* : supprimez *Penvenan* : voir APPENDICE.

P. 60 : **Hebedan** : santebedan *qui* : supprimez *qui*.

P. 62 : **Hervé** = *Hoiarn-biu*. *Huarn-vew* est le nom d'un successeur de Dewi (Girald. Cambr. *Itin. Cambr.*, lib. II, 1).

P. 63 : **Houarniaule** (saint), rocher près Saint-Jacut de la mer, Côtes-du-Nord (Sébillot). Ce saint est honoré et a sa statue à Notre-Dame-du-Haut, en Moncontour, Côtes-du-Nord. C'est vraisemblablement une déformation de *Houarnew* qu'on a prononcé suivant le français du pays, *Houarniaw*; *l* a été ajouté d'après l'analogie *chevaw* : *cheva* (*cheval*). Cf. *Saint-Urial* (Saint-Turial), Ille-et-Vilaine, pour *Saint-Turiaw*.

P. 65 : **Ideuc** (Pont) : ferme près Matignon : on prononce *Ideu* (Sébillot).

P. 66 : aj. **Irmagor** (saint), village de Trigavou, Côtes-du-Nord (Sébillot).

P. 66-67 : *Iudon* : *Locuon* qu'on prononce *Locyön* avec *c* très palatal est, probab. pour *Loc-Gwion*, car il y a dans le voisinage *Bot-cuon*, prononcé *Bocyön*, pour *Bot-Gwion*.

P. 66 : **Iudoc** : saint Judoce, près Evran, Côtes-du-Nord (Sébillot).

P. 68 : *Jagu* : on prononce *Jagu*, *Jegu*, *Jègu* (L. D., 24, 148).

— **Jugon** (saint) : L. D., 164.

P. 76 : aj. *Lan vallay*, Côtes-du-Nord : v. *Balay*.

P. 79 : pour *Leutiern* et *Loutiern*, cf. *Leubri* et *Loubri* à **Lery** (APPENDICE).

P. 81 : **Loevan** : au lieu de : *et est aussi le nom*, lis. *et aussi le nom*.

P. 88 : *Maudan*. Il n'y a pas de diphtongue dans *Lan-vaudan* : on prononce en effet, en bas-vannetais : *Lövödan* (avec *ö* bref) ou *Lavödan*. *Modan* est vraisemblablement le saint gallois *Mydan*.

P. 90 : aj. **Mauron** (saint) : L. D, 152.

P. 92 : **Melor, Meloir** : prononcé *saint Mla* (Sébillot, cf. L. D., 144).

P. 94 : aj *Mirli* (saint) : L. D., 98.

P. 108 : **Rioc** : Saint-Rieu en Saint-Cast, Côtes-du-Nord (Sébillot). *Saint-Rieul*, commune du canton de Lamballe, Côtes-du-Nord (Sébillot).

P. 109 : **Riowen** : (saint), cf. L. D.

P. 110 : **Riveul** (saint), anc. château à Plénée-Jugon.

P. 113 : **Seoc** : Saint-Cieux (L. D., 28).

P. 114 : **Solen** (saint), commune près Dinan, Côtes-du-Nord (Sébillot).

P. 118 : **Téo** (saint), village de Plouguenast, Côtes-du-Nord (Sébillot).

P. 121 : **Tomin** (saint) : îlot près de Cancale, prononcé *Tominn* (Sébillot).

P. 112 : *Senoux* : au lieu de St *Senatoris*, lis. S[ti] *Senatoris*.

P. 117 : *Teliaw* et *Eliaw* : *Teliaw* est pour *T-Eliaw* (*To-Eliaw*); *Eliaw* est dérivé de *El*, premier terme du nom complet gallois à deux termes *El-iud*.

P. 118 : au lieu de *Rectu genos*, lis. *Rectu-genos*.

— *Terijen* peut différer de *Terelbian* : v. **Ritien**.

P. 119 : **Tevé** : supprimez après en Glamorgan : *probablement par erreur*.

APPENDICE

P. 130 : **Elvod** : *saint Dolay* remonte probablement à la forme hypocoristique *sand Eloc* : dans cette zone, la terminaison *-oc-*, devenu *-öc -ö*, est arrivée parfois à *-e* : *Trehorenteuc* se prononce, *Tirhantré*. La forme réellement prononcée a dû être *saind Elé* pour *sand Elö* (*sand Eloc*).

P. 137 : *Plouenan* : à *Benĕgnus*, *Benignus*, ajoutez : identique au nom du saint irlandais *Benén*.

P. 129-137 : **Balay et Palay**. Il est possible que dans Ploubalay la mutation de l'initiale n'ait pas eu lieu. Dans ce cas, on aurait affaire à *Saint-Bulay* et non *Palay*, comme dans *Lan-vallay*. M. Paul Sébillot m'apprend, en effet, qu'il y a en Ploubalay un ruisseau qui se nomme le *Froubalay* et se jette dans le *Fremur* : *froud* a le sens de ruisseau, d'eau courante. Froud est féminin, en général; mais il est possible, ici aussi, dans ce pays de bonne heure de langue française, qu'on ait conservé la forme orthographique ancienne, témoin *Fremur*, grand ruisseau, pour *froud* ou *frod-vôr* : cf. *Fretu* = *Frot-du* (assimilation homorgane).

P. 139 : **Yvienc** (saint) : M. l'abbé Duine me signale le village de *Saint-Yvieuc* au nord et auprès de l'abbaye du Tronchet (diocèse de Dol). On prononce *Ivié*, ce qui s'explique par une particularité dialectale du pays. Une déclaration du XVIIe et du XVIIIe siècle (Guillotin de Corson, *Pouillé* II, 233) mentionne une métairie de *Saint-Yrieuc*; faute vraisemblablement du scribe pour *Yvieuc*.

— **Gré** (saint) : village en Miniac-Morvan, Ille-et-Vilaine (ancien évêché de Dol). On prononce *Saint-Greu*.

J. LOTH.

MACON, PROTAT FRÈRES, IMPRIMEURS

N. I. APOSTOLESCU, docteur ès lettres. **L'Influence des Romantiques français sur la Poésie roumaine.** *Avec une préface de* M. Émile FAGUET, de l'Académie française. In-12, VIII-XVII-420 pages .... 5 fr.

Du même auteur : **L'Ancienne Versification roumaine** (XVIIe et XVIIIe siècles). In-8, 91 pages .... 2 fr. 50

Congrès international pour l'extension de la langue française. *Deuxième session. Arlon, Luxembourg, Trèves.* Fort volume in-8 et carte .... 10 fr.

État actuel du Français en Belgique, Suisse, Alsace-Lorraine, Hollande, Hongrie, Angleterre, États-Unis, Grand-Duché de Luxembourg, etc. — Extension du Français par la presse, le théâtre, etc. — L'enseignement du Français. — La lutte contre la pornographie. — Le français, langue internationale, etc.

Déjà paru : **Première session** tenue à Liège, 1905, in-8 .... 10 fr.

ARBOIS DE JUBAINVILLE (D') de l'Institut. *Tain Bó Cúalnge.* **Enlèvement | du Taureau divin et | des Vaches de Cooley.** La plus ancienne épopée de l'Europe occidentale. Traduction 2e *livraison.* In-8 comprenant les pages 85-190 .... 3 fr. 50

J. BÉDIER, professeur au Collège de France. **Les légendes épiques,** Recherches sur la formation des chansons de geste. Tomes I et II, 1908. — 2 vol. in-8, chaque .... 8 fr.

Le mistère de Saint-Quentin, suivi des invencions du corps de Saint-Quentin par Eusèbe et par Éloi. Édition critique publiée avec introduction, glossaire et notes par Henri CHATELAIN, in-4 de LXVIII-463 pages et 2 planches hors texte .... 30 fr.

Couronné par l'Académie des Inscriptions : Prix La Grange.

GUILLAUME DE MACHAULT. **Poésies lyriques.** Édition complète en deux parties, avec introduction, glossaires et fac-similés, par V. CHICHMAREF, 2 in-8 de CXVI-705 pages.. 25 fr.

Bulletin mensuel des récentes publications françaises. BIBLIOTHÈQUE NATIONALE, *Nouvelle série méthodique* : Abonnement : Un an, 10 fr. ; U. P. .... 12 fr.

Le Bulletin des récentes publications françaises que publie *la Bibliothèque nationale* groupe dans un classement méthodique les ouvrages consacrés à l'étude de questions similaires.

Les douze fascicules mensuels sont complétés par une double table annuelle, l'une des noms des auteurs, éditeurs et traducteurs, l'autre des mots typiques caractérisant spécialement le sujet traité dans chacun des ouvrages mentionnés.

Grâce à ces tables, les volumes annuels du Bulletin constitueront des instruments de recherches bibliographiques permettant de retrouver à partir de 1909 les ouvrages publiés en France sur les sujets les plus particuliers.

Georges DOUTREPONT, professeur à l'Université de Louvain. **La littérature française** à la Cour des Ducs de Bourgogne. *Philippe le Hardi — Jean sans Peur — Philippe le Bon — Charles le Téméraire.* [Tome VIII de la *Bibliothèque du XVe siècle*]. In-8 .... 12 fr.

Journal de Perris de Casalivetery. Texte gascon p. p. J. DE JAURGAIN, in-8, XIV-52 p. .... 2 fr. 50

LAVERGNE (G.), *archiviste paléographe.* **Le parler bourbonnais aux XIIIe et XIVe siècles.** Étude philologique de textes inédits. In-8 carré, 175 pages .... 5 fr.

Collection linguistique, publiée par la Société de linguistique de Paris, in-8. Tome Ier. A. MEILLET. Les dialectes indo-européens, 1907 .... 4 fr. 50
— IIe Mélanges linguistiques offerts à M. F. de Saussure, 1908 .... 10 fr. 50
— IIIe A. ERNOULT. Les éléments dialectaux du vocabulaire latin, 1909 ..... 7 fr. 50

Documents linguistiques du Midi de la France *recueillis et publiés avec Glossaires et Cartes* par Paul MEYER, membre de l'Institut, directeur de l'École des Chartes. *Ain, Basses-Alpes, Hautes-Alpes, Alpes-Maritimes.* Fort volume in-8 .... 25 fr

La noble leçon des Vaudois du Piémont, édition critique par A. de STEFANO, 1909, in-8. .... 5 fr.

René STUREL. **Jacques Amyot,** *Traducteur des Vies parallèles de Plutarque.* Petit in-8 de LVI-646 pages et 4 fac-similés .... 12 fr.

PEYROT (Claude). **Poésies Rouergates.** Édition critique par L. CONSTANS, *professeur à l'Université d'Aix-Marseille,* et J. ARTIÈRES. In-8, XLVIII-308 pages .... 4 fr. 50

La Chevalerie Vivien, chanson de geste, publiée par A.-L. TERRACHER. I. Textes. In-8, 287 pages .... 10 fr.

www.ingramcontent.com/pod-product-compliance
Ingram Content Group UK Ltd.
Pitfield, Milton Keynes, MK11 3LW, UK
UKHW020956230726
13923UKWH00007B/486